Manipulation im Beruf

Wie Sie sich gegen hinterhältige Manipulationstechniken wehren und souverän im Arbeitsalltag agieren. So entlarven Sie dunkle Psychologie und durchschauen die Tricks toxischer Kollegen

Felix Gerste

Inhaltsverzeichnis

Einleitung

Manipulation – schon allein das Wort weckt immer wieder unsere Aufmerksamkeit und die Unberechenbarkeit zieht uns in ihren Bann. Wenn Sie an Manipulation denken, haben Sie bestimmt viele verschiedene Assoziationen und denken beispielsweise an Fernsehwerbung, an Wahlsprüche oder die knalligen Farben, die auf Produktpackungen zu sehen sind. Vielleicht denken Sie an Ihren Alltag und überlegen, wo Sie immer wieder manipuliert werden. Womöglich fällt Ihnen dabei ein, dass Ihre Freunde es immer wieder schaffen, Sie dazu zu überreden, bei Umzügen, Aufräumaktionen oder Ähnlichem zu helfen. Sicherlich erinnern Sie sich auch an Ihre Kindheit und daran, dass Ihre Eltern mit Belohnungen versucht haben, Sie zum Aufräumen oder zum Lernen zu motivieren.

Egal wo Sie hinschauen, in jeder Lebenssituation treffen Sie auf Manipulationen und nicht immer sind sie so leicht zu erkennen, wie in den zuvor genannten Beispielen. Manipulationen haben alle eine Sache gemeinsam: Sie sind unberechenbar und man kann sich nur schwer dagegen wehren. Dass das, was Sie aktuell über dieses Thema wissen, noch nicht alles sein kann, können Sie sich wahrscheinlich denken, doch werden Sie nach diesem Buch überrascht sein, wie viel sich hinter einem einzigen Wort verstecken kann. Zum jetzigen Zeitpunkt ist Ihnen vermutlich noch nicht bewusst, wie viele Dinge in Ihrem Alltag manipuliert sind und wie oft Sie täglich auf kleine und große Manipulationen reinfallen. Schon nach den ersten Seiten werden Sie womöglich über die Wirkung staunen und noch einmal genauer darüber nachdenken, wann und wo Sie selbst immer wieder auf Manipulationen stoßen. In diesem Buch soll es aber nicht nur darum gehen, dass Sie besser verstehen, wie Manipulationen funktionieren, sondern Sie sollen gleichzeitig lernen, wie Sie sich in Zukunft davor schützen können. Der Fokus liegt dabei auf Manipulationen im beruflichen Alltag und gewiss können Sie sich vorstellen, wie viele Vorteile es Ihnen bringen kann, wenn Sie sich gegen die Manipulationen Ihres Chefs, Ihrer Kollegen oder Ihrer Kunden schützen können. Gleichzeitig werden Sie lernen, wie Sie selbst zum perfekten Manipulator werden können, schließlich sind Manipulationen nicht immer nur negativ zu sehen. Sie können Energie und Zeit sparen, Ihre Kollegen motivieren, im Konkurrenzkampf an die Spitze gelangen und Ihren Geldbeutel etwas schneller füllen.

Lassen Sie sich davon überraschen, wie vielfältig Manipulationen sind und wie viel sich hinter diesem Wort tatsächlich versteckt. Erfahren Sie, wie Sie sich Ihre Sprache und Ihre Gesprächsführung zunutze machen können und lernen Sie, wie Sie einfach und schnell bei Verhandlungen gewinnen können. Warten Sie nicht darauf, dass sich etwas verändert, sondern werden Sie selbst aktiv, um Manipulationen in Zukunft immer öfter als Vorteil zu nutzen. Konzentrieren Sie sich wieder mehr auf eigene Bedürfnisse, distanzieren Sie sich von der Meinung anderer und nutzen Sie die Beispiele, die Informationen und die praxisorientierten Übungen, um schon morgen anders in den Tag zu starten.

Wer manipuliert?

Bevor Sie nun damit beginnen, sich intensiv mit den unterschiedlichen Techniken auseinanderzusetzen, finden Sie in den folgenden Kapiteln ein paar Grundpfeiler für das Verständnis. Nutzen Sie diese Kapitel, um eine gute Basis aufzubauen und die weiteren Punkte besser in Ihren Alltag übertragen zu können.

Psychologische Hintergründe

Hinter Manipulationen stecken viele psychologische Faktoren und es ist erstaunlich, von welchen Dingen Ihr Gehirn sich beeinflussen lässt. Sie werden überrascht sein, wie viele dieser Dinge auch bei Ihnen unbewusst ablaufen. In den meisten Fällen können Sie sich gegen Manipulationen schon allein deshalb nicht wehren, weil Sie diese nicht erkennen – genau das macht natürlich eine gute Manipulation aus. In der Arbeit, beim Einkaufen oder beim Gespräch mit Freunden, in jeder Situation können Sie von Manipulationen überrascht werden. Nehmen Sie sich also die Zeit, um zunächst die grundlegenden Dinge zu verstehen, bevor Sie sich im Anschluss mit Manipulationen im Beruf beschäftigen. Die folgenden Punkte werden an alltäglichen Beispielen erklärt, weshalb Sie sie hoffentlich auf Ihr eigenes Leben übertragen können, wodurch das Verständnis deutlich leichter fällt.

Psychofaktor 1: Reziprozität = Gegenseitigkeit

*Ein Freund fragt Sie, nachdem er Ihnen beim Umzug geholfen hat,
ob Sie Ihm am nächsten Wochenende bei der Gartenarbeit helfen können.*

Reziprozität hört sich zwar kompliziert an, der Effekt selbst ist aber einfach erklärt und ein bisschen mit einem schlechten Gewissen zu vergleichen. Das Beispiel zeigt gut, was damit gemeint ist und wie versteckt die Manipulation ist. Ihr Gehirn ist darauf angelegt zu geben und zu nehmen und die Waagschale dazwischen im Gleichgewicht zu halten. Sicherlich haben Sie oft das Gefühl, dass Sie, nachdem Sie Hilfe angenommen haben, selbst etwas Hilfe geben wollen, und schlagen daher eine solche Bitte nicht aus. Würden Sie Ihre Hilfe nicht anbieten und die Nachfrage ablehnen, würde Sie womöglich ein schlechtes Gewissen plagen und Sie haben das Gefühl, dem anderen etwas schuldig zu sein. Genau dieses „Ausgleichsverhalten" können Sie ausnutzen, indem Sie zuerst Ihre Hilfe anbieten und anschließend um etwas bitten. Sie können es mit einem Tausch vergleichen, den Sie selbst aber so manipulieren, dass er sicher gelingt, schließlich wird Ihr Tauschpartner schlecht Nein sagen können, nachdem Sie ihm bereits geholfen haben. Behalten Sie diese Taktik am besten als Ass im Ärmel und verwenden Sie sie nur, wenn Sie auf einem anderen Weg nicht an Ihr Ziel kommen, denn vielleicht lässt sich Ihr Gegenüber auch ohne eine Gegenleistung überzeugen.

Psychofaktor 2: Herdentrieb

Wenn es die anderen so machen, dann ist es richtig und gut so und ich kann/sollte es auch so machen.

Nicht nur Tiere, auch Menschen haben noch einen tief verwurzelten Herdentrieb und folgen viel lieber der Masse, anstatt als Einzelgänger aus dem Strom auszubrechen. Wenn Sie zum Beispiel erkennen, dass sich Freunde oder Familienmitglieder ein bestimmtes Produkt gekauft haben, dann schlussfolgern Sie unbewusst, dass das Produkt tatsächlich gut sein muss und Sie es haben wollen. Ihr Gehirn sagt Ihnen, dass das, was viele andere haben, wichtig oder zumindest gut ist und Sie sich ihnen anschließen sollten. Dieser Herdentrieb wird unter anderem bei Werbung zur Manipulation genutzt, indem berühmte Persönlichkeiten gezeigt werden, die sich ein bestimmtes Produkt gekauft haben. Mögliche Kunden bekommen so den Eindruck, dass das Produkt lohnenswert sein muss und sie es unbedingt haben wollen. Und wenn Sie jetzt denken, dass Sie auf diesen Effekt nicht hereinfallen, dann erinnern Sie sich an Ihren letzten Städtetrip: Womöglich suchten Sie sich zum Abendessen kein Restaurant aus, bei dem nichts los war, sondern eines, vor dem eine kleine Schlange war oder bei dem kaum noch Plätze frei waren. Sie dachten sich, dass das Essen dort gut sein müsse, da so viele Menschen dort anstehen, und dass das andere Restaurant vermutlich nicht so gut sei. Genau hier sind Sie unbewusst dem Herdentrieb gefolgt und haben sich nach der Meinung der Masse gerichtet.

Psychofaktor 3: Konsistenz

Wenn Sie hier zugestimmt haben, wollen Sie dann nicht auch diese beiden Dinge haben? Und wie wäre es noch mit dem Teil hier?

Im ersten Moment hört sich dieser Punkt vermutlich komisch an, aber mit Konsistenz ist eine Festigkeit gemeint, die Sie dazu bringt, immer weiter zuzustimmen. Keiner wird gerne als Person dargestellt, die immer alles ablehnt und zu allem nur Nein sagt, und wenn Sie einmal ja gesagt haben, ist es viel schwerer, wieder die Kurve zu bekommen und umzuschwenken. Bestimmt kennen Sie es, wenn Sie beim Fernsehen Schokolade essen und sich bei jedem Stück denken, dass es jetzt wirklich das Letzte ist, doch danach nehmen Sie sich noch eins und noch eins und irgendwann haben Sie die ganze Tafel gegessen. Ähnlich ist es bei diesem Effekt: Sobald die Hemmschwelle zum Jasagen einmal überwunden wurde, ist es viel leichter, weiterhin Ja als Nein zu sagen. Ein sehr bekanntes psychologisches Beispiel dafür ist die „foot in the door"-Technik, bei der Manipulatoren Sie zuerst zu einer kleinen Zusage bringen, um im Anschluss durch immer weitere kleine Zusagen ihr eigentliches und viel größeres Ziel erreichen. Wenn sie von Anfang an nach dem großen Ziel gefragt hätten, hätten Sie höchstwahrscheinlich nicht zugestimmt.

Eine Freundin, die am Wochenende ihren Geburtstag feiert, fragt Sie, ob Sie nicht schon ein paar Stunden früher kommen könnten, um beim Aufbauen zu helfen. Sie stimmen zu und gerade als Sie sich auf den Weg machen wollen, ruft Ihre Freundin an und fragt, ob Sie nicht, wenn Sie unterwegs sind, noch schnell ein paar Getränke einkaufen können. Sie stimmen zu und bei ihr angekommen sehen Sie, dass noch so einiges zu tun ist. Nicht nur Tische und Stühle müssen noch aufgebaut werden, das Essen muss noch vorbereitet werden und es muss noch gesaugt und geputzt werden. Da Sie jetzt aber schon da sind, helfen Sie natürlich bei allem und sagen nicht Nein.

Hier sind Sie ein Opfer von der „foot in the door"-Technik geworden und haben, ausgehend von einer Kleinigkeit, zu immer mehr zugestimmt. Wenn Sie zuvor gewusst hätten, was noch alles zu tun ist und dass Sie nicht nur kurz beim Aufbauen helfen, hätten Sie sich die Zusage zweimal überlegt und vielleicht noch nach weiterer Unterstützung gefragt. Doch so hat es Ihre Freundin ganz geschickt geschafft, Sie zu dem zu manipulieren, was sie gerne haben will.

Psychofaktor 4: Vertrauen und Sympathie

Das ist meine Freundin, ihr kann ich vertrauen und bestimmt weiß sie auch, was richtig ist.

Ganz automatisch vertrauen Sie Menschen, die Sie gut kennen und die Ihnen sympathisch sind, viel mehr als Menschen, die Sie nicht kennen oder nicht mögen. Freunde, Vorbilder oder Familienmitglieder sind für Sie so etwas wie ein Ankerpunkt und Sie sind sich sicher, dass Sie ihnen vertrauen können. Viele nutzen diese Zuneigung aber aus und zeigen Ihnen erst, wie nett sie sind, bevor sie eine Gegenleistung dafür verlangen. Aufgrund dieser Sympathie gelingt es diesen Menschen dann viel leichter, Sie erfolgreich um etwas zu bitten, während Sie gar nicht merken, dass Sie manipuliert werden. Vielleicht erinnern Sie sich noch an solche Beispiele aus Ihrer Kindheit, als Sie Ihren Eltern zuerst gesagt haben, wie gut Sie doch etwas gemacht haben und wie fleißig Sie waren, bevor Sie nach einem neuen Spielzeug, Süßigkeiten oder Ähnlichem gefragt haben. Ohne es zu wissen haben Sie schon damals eine weit verbreitete und wirkungsvolle psychologische Manipulationstechnik angewendet.

Psychofaktor 5: Knappheit

Oje, nur noch ein paar Packungen Nudeln, da nehme ich lieber nochmal welche mit, bevor sie ganz weg sind.

Ganz typisch für Menschen ist auch noch der Urinstinkt des Sammelns. Sobald Sie merken, dass etwas knapp wird, kaufen Sie schnell noch ein paar Produkte davon und füllen Ihre Vorratskammern auf. Je weniger von einer Sache vorhanden ist, umso mehr Menschen wollen es plötzlich haben und umso höher ist die Nachfrage. Durch Knappheit wird in Ihrem Gehirn die Angst hervorgerufen, dass Sie etwas verpassen und womöglich nicht genug von einer Sache haben. Schließlich könnte es sein, dass es das Produkt bald nicht mehr gibt und aufgrund dieser Angst kaufen Sie es lieber noch einmal. Allerdings sind die meisten Dinge gar nicht knapp, die Verkäufer haben lediglich eine künstliche Knappheit erzeugt, um die Verkaufszahlen in die Höhe zu treiben. Ähnlich ist es bei Situationen, in denen man Ihnen ein Limit setzt und Ihnen klar macht, dass Sie nur heute oder gar nicht die Chance haben, einem Vorschlag zuzustimmen oder etwas zu erreichen. Dadurch geraten Sie in Zugzwang und aus Angst, etwas zu verpassen, sagen Sie zu, obwohl Sie mit mehr Zeit vielleicht zu einer anderen Entscheidung gekommen wären.

Psychofaktor 6: Autorität

Wenn sogar mein Chef das macht, dann muss es ja stimmen.

Schon von klein auf lernen Sie, sich Autoritäten unterzuordnen. Neben Ihren Eltern kommen nach und nach Lehrer, Ausbilder oder Führungskräfte hinzu. Diese Autoritäten nehmen oft gleichzeitig eine Vorbildfunktion ein, sodass Sie sich an deren Handlungen orientieren und deren Vorstellungen von Richtig und Falsch übernehmen. Auch wenn Sie ohne deren Einfluss vielleicht eine ganz andere Meinung hätten, werden Sie durch das „Machtverhältnis" dazu manipuliert, deren Meinung zu übernehmen. Oft passiert dies unbewusst und Sie denken gar nicht darüber nach, woher Ihre Einstellungen zu manchen Themen kommen, sondern Sie akzeptieren Sie einfach, schließlich denken die anderen ja auch so.

Alle sechs Faktoren haben nicht nur gemeinsam, dass jeder Mensch ähnlich stark davon beeinflusst wird, sondern auch, dass sie ganz tief im Unterbewusstsein verankert sind und Sie schon als Kind zu bestimmten Entscheidungen bringen. Diesen psychischen „Urtrieben" können Sie sich kaum widersetzen und erst, wenn Sie erkannt haben, in welchen Situationen Sie durch diese manipuliert werden, haben Sie überhaupt eine Chance. Doch Sie sind nicht nur Opfer dieser Triebe, Sie können sie auch selbst nutzen, um andere zu manipulieren und, ohne dass sie es merken, zu Entscheidungen zu bringen. Manipulationen sind auf jeden Fall psychologisch sehr spannend und es ist unglaublich, wie viele Kleinigkeiten in einem großen Netzwerk zusammenarbeiten, von dem Sie nichts mitbekommen, wenn Sie sich nicht ganz genau darauf konzentrieren.

Das 4-Ohren-Modell

Bevor Sie sich intensiver mit unterschiedlichen Techniken der Manipulation auseinandersetzen, sollten Sie noch ein Modell von Friedemann Schulz von Thun kennenlernen. Das „4-Ohren-Modell" von dem bekannten Kommunikationspsychologen ist hilfreich, um unterschiedliche Abläufe bei Kommunikationen zu verstehen und zu erkennen, wo mögliche Missverständnisse liegen oder über welche Ebene Sie manipulieren können. Eigentlich ist der Name des Modells aber nicht ganz vollständig und mit „4-Münder-und-4-Ohren-Modell" wäre es vielleicht etwas treffender bezeichnet.

Friedemann Schulz von Thun schlüsselt Kommunikation bei diesem Modell so auf, dass auf einer Seite ein Sprecher, auch Sender genannt, steht, der auf vier unterschiedliche Arten eine Nachricht verschickt. Passend dazu gibt es dann noch einen Hörer, auch Empfänger genannt, bei dem die Nachricht auf vier Wegen, also durch vier metaphorische Ohren, ankommen kann.

Die erste mögliche Ebene ist die <u>Sachebene</u>, über die lediglich Information ausgetauscht wird. Es handelt sich hierbei um die einfachste Kommunikationsmöglichkeit, denn eine Information wird auf direktem Weg ohne irgendwelche Interpretationen oder verschlüsselte Nachrichten weitergegeben. Die Aufgabe des Sprechers ist hier, Fakten, Informationen und Wissen zu vermitteln und für ein klares Verständnis zu sorgen. Dahingegen ist der Hörer zuständig für die Überprüfung auf Vollständigkeit und Wahrheit und er entscheidet zusätzlich, wie relevant die Information ist.

Die Selbstkundgabe, die in Ebene zwei folgt, ist etwas komplexer und der Sprecher kann den Effekt, dass er automatisch etwas über sich und seine eigene Meinung preisgibt, kaum verhindern. Auch wenn diese Informationen vom Sender nur unbewusst und vielleicht unfreiwillig versendet werden, kommen davon eine Menge beim Hörer an und dieser erfährt mehr darüber, was hinter dem Gesprächspartner steckt, welche innere Einstellung er hat und welche Gefühle ihn gerade bewegen.

Auf der anschließenden Beziehungsebene spielt vor allem eine Rolle, wie beide Gesprächspartner zueinander stehen und welche Meinung sie voneinander haben. Der Sprecher kann zum Beispiel durch seinen Tonfall, die Körperhaltung oder die Wortwahl genau zeigen, ob er den Hörer mag, ob er ihn respektiert oder ob er keine Lust auf das Gespräch hat. All diese Informationen werden vom Hörer aufgenommen, sodass er einen Einblick in die Beziehung erhält.

Als letzter Teil ist die Appellebene ein wichtiger Bestandteil in der Kommunikation, auf der übermittelt wird, welche Absicht der Sprecher hat und was er durch das Gesagte erreichen will. Manchmal geschieht dies auf direktem Weg und wird durch eine konkrete Bitte oder Aufforderung deutlich, manchmal ist der Appell versteckt und der Empfänger muss erst herausfinden, was von ihm gerade gewollt wird.

Durch diese unterschiedlichen Ebenen kann eine Nachricht auf ganz verschiedene Weisen verstanden werden, was bei der Kommunikation oft zu Problemen führt, wenn Sender und Empfänger nicht auf der gleichen Ebene sind. Zum Verständnis ist hier ein kurzes Beispiel hilfreich:

Sie sind bei Freunden zum Essen eingeladen und Ihnen wird zum Hauptgang ein Schluck Wein angeboten. Nachdem Sie diesen probiert haben, fragen Sie Ihre Freunde, was das denn für ein Wein ist. Aus dieser eigentlich so einfachen Frage kann sich anschließend eine sehr missliche Lage entwickeln, schließlich können Ihre Freunde sie gleich auf vier Ebenen aufnehmen und ganz unterschiedlich darauf reagieren.

Während Sie auf der Sachebene vermitteln, dass es sich bei dem Getränk um einen Wein handelt, zeigen Sie auch gleichzeitig, dass Sie nicht wissen, welchen Wein Sie genau trinken. Auf der Beziehungsebene sprechen Sie Ihren Freunden Wissen zu und glauben, dass sie Ihnen helfen können und wissen, um welchen Wein es sich handelt. Schließlich machen Sie mit der Frage noch deutlich, dass Sie wissen wollen, wie der Wein heißt und eine Antwort wünschen (Appellebene).

Für Ihre Freunde könnte die Situation jedoch ganz anders aussehen. Sie verstehen zwar Ihre Sachebene, doch sie schließen daraus, dass der Wein Ihnen nicht schmeckt und Sie mit dieser Frage Ihr Missfallen ungewollt kundgeben. In der Beziehungsebene folgt darauf der Schluss, dass Ihre Freunde schlechte Gastgeber sind und das nächste Mal doch ein anderer Wein gereicht werden soll. Auf Ihre rein sachlich gemeinte Frage könnten Ihre Freunde somit auch sehr gereizt reagieren und zum Beispiel antworten, dass Sie Ihren Wein das nächste Mal doch einfach selbst mitbringen sollen.

Zwar kann durch unterschiedliche Betonungen, Gesichtsausdrücke oder durch das allgemeine Verhalten oft gesteuert werden, wie eine Aussage gemeint ist, aber eine gute Kommunikation ist trotzdem nicht immer einfach und erfordert viel Übung und Spontanität. Wenn Sie merken, dass ein Gespräch in die falsche Richtung läuft und eine Ihrer Aussagen falsch verstanden wurde oder Sie sich selbst nicht sicher sind, ob Sie alles richtig verstanden haben, sollten Sie auf alle Fälle nicht sofort impulsiv reagieren, sondern zuerst noch einmal nachfragen und die Situation genau nachvollziehen. Es ist kaum möglich, dass immer alles richtig verstanden wird, und da die vier unterschiedlichen Ohren und Münder ständig parallel laufen, kann es sehr leicht zu Irrtümern kommen.

Neben den Schwierigkeiten bei der Kommunikation spielt dieses Modell aber bei der Manipulation eine bedeutende Rolle und Sie können alle vier Kanäle nutzen, um Ihren Gesprächspartner zu manipulieren und selbst zu prüfen, ob Sie gerade manipuliert werden. Sie können, für den anderen unbemerkt, weitere Informationen über einen anderen Kanal übermitteln und dadurch Dinge erreichen, die mit der reinen Aussage nicht möglich wären. Zum Beispiel können Sie allein mit dem Satz „Du solltest dich lieber für eine andere Marke entscheiden!" bewirken, dass Ihr Gesprächspartner annimmt, dass die Marke nicht so gut ist, und die eigene Entscheidung noch einmal überdenkt. Zusätzlich dazu stellen Sie sich als fachlich kompetent dar, sodass er Ihrer Aussage mehr vertraut. Anschließend entscheidet sich Ihr Gesprächspartner vielleicht sogar für eines Ihrer Produkte und Sie haben Ihn so mit nur einem Satz dazu gebracht, seine Meinung zu ändern.

Bei der Manipulation spielt es nicht nur eine Rolle, mit welchen Techniken Sie manipulieren, sondern auch, auf welchem Kanal Sie sich befinden und ob Sie Ihre Nachricht so verschlüsselt haben, dass sie verstanden werden kann. Auch Ihre Beziehung, die

Tonart und Ihr Auftreten sind sehr wichtig und so werden Sie nach und nach immer mehr Dinge entdecken, die Ihnen bei einer guten Manipulation helfen können.

Die 6 häufigsten Manipulationstechniken

Manipulation durch Wiederholung

Die wohl häufigste Technik zur Manipulation ist die Wiederholungstechnik, bei der Sätze oder Bilder so lange wiederholt werden, bis sie geglaubt werden. Werbungen im Fernsehen, auf Plakaten oder im Radio beruhen auf dieser Technik, denn erst durch das mehrmalige Hören oder Sehen erzielen die Slogans die gewünschte Wirkung. Erklären lässt sich der Effekt dadurch, dass das Gehirn dazu neigt, Aussagen zu glauben, die es oft hört und so sogar Unwahrheiten für wahr hält.

Dieser Effekt wird Illusory Truth Effect genannt und Sie können ihn gleich einmal selbst ausprobieren. Im Labortest wurde Freiwilligen immer wieder eine falsche Geschichte erzählt, die aber nicht völlig unwahrscheinlich ist, denn genau diese Unsicherheit führt dazu, dass der Effekt funktioniert. Vielleicht erinnern Sie sich noch, wie Sie früher versucht haben, Freunde, Eltern oder Bekannte von etwas Falschem zu überzeugen und es dafür immer wieder wiederholt haben. Am Anfang waren die anderen noch unsicher und haben Ihnen nicht wirklich geglaubt, doch je öfter Sie die Geschichte erzählt haben, desto mehr Glauben wurde Ihnen geschenkt. Die Unsicherheit, ob nicht doch etwas Wahres hinter all dem stecken könnte, macht die Menschen verwundbar und manipulierbar, denn selbst wenn Sie wirklich überzeugt von etwas sind, gibt es immer noch eine kleine Stimme, die sagt, dass es nicht so sein könne und die anderen recht haben. Für ein besseres Verständnis können Sie sich dieses Beispiel anschauen:

Eigentlich sind Sie fest davon überzeugt, dass Sie das neue Handy, welches vor kurzem auf den Markt gekommen ist, nicht brauchen und Ihr altes noch ziemlich gut funktioniert. Doch in der Werbung wird Ihnen immer wieder gesagt, wie viele neue Möglichkeiten Sie durch das Handy haben und wie toll es alle finden. Zusätzlich dazu sehen alle in der Werbung so glücklich aus und es macht einfach alles einen guten Eindruck. Mit der Zeit beginnen Sie zu überlegen, ob Ihr jetziges Handy wirklich noch ausreicht und ob es nicht langsam doch an der Zeit für ein neues wäre. Ihnen fallen kleine Fehler viel deutlicher auf, plötzlich scheint das Handy viel langsamer zu funktionieren, der Kratzer auf dem Bildschirm scheint größer geworden zu sein und Sie sind sich nicht mehr so sicher, ob das neue Handy aus der Werbung nicht doch eine gute Entscheidung wäre. Die Werbung hat es also geschafft, Sie so zu manipulieren, dass Sie den Kauf doch erwägen und Ihre Unsicherheit in Bezug auf Ihr altes Handy, die zu Beginn nur ganz klein war, immer größer geworden ist.

Ein Vorteil dieser Technik ist, dass Sie damit so gut wie alles und jeden manipulieren können und dafür noch nicht einmal viel Übung oder Ähnliches brauchen. Sie können schon jetzt damit anfangen und andere Menschen von Ihrer Meinung überzeugen. Auch sich selbst können Sie dadurch stärken und die Wirkung von Selbstkritik schwächen, indem Sie sich immer wieder Ihre Stärken aufzählen. Es ist eine tolle Möglichkeit, um die eigene Energie und die Energie von anderen zu mobilisieren, und Sie können viele Dinge allein durch mehrmaliges Wiederholen erreichen.

Aber Sie müssen sehr vorsichtig sein, denn vieles davon läuft nur unbewusst ab und Sie merken selbst oft erst, dass Sie manipuliert wurden, wenn es zu spät ist. Nicht jede Manipulation bewirkt etwas Gutes und durch die Wiederholungstechnik können Sie von vielen Sachen überzeugt werden, die Sie eigentlich gar nicht wollen. Nicht nur die Werbung arbeitet oft mit dieser Technik, auch Politiker versuchen so, möglichst viele Menschen zu erreichen und von der eigenen Meinung zu überzeugen. Und vor allem, wenn Fehler gemacht wurden, wird die Unsicherheit, wer für den Fehler verantwortlich ist, genutzt, um möglichst viele von der eigenen Unschuld zu überzeugen.

Sie können in Ihrem Alltag überprüfen, wo Sie unbewusst von anderen durch diese Technik manipuliert werden und in welchen Bereichen Sie vielleicht selbst manipulieren. Manchmal passiert es nämlich, ohne dass Sie es beabsichtigen und sich der Auswirkung bewusst sind, und vor allem, wenn Sie sich in einer höheren Position befinden und mit Ihren Angestellten reden, kann es von großer Bedeutung sein, welche Aspekte Sie wiederholen. Die Produktivität wird zum Beispiel nicht dadurch gesteigert, dass Sie immer wieder auf Fehler hinweisen und sagen, dass alles zu langsam abläuft, und sich so auf Schwächen konzentrieren. Viel besser ist es, wenn Sie wiederholen, was bis jetzt schon gut läuft, und Sie die Mitarbeiter davon überzeugen, dass noch mehr in ihnen steckt und sie es schaffen können, Probleme zu überwinden und weiter zu wachsen.

Zwar ist diese Technik eine der erfolgreichsten Methoden, um andere zu manipulieren, jedoch sollten Sie sich zuvor genau überlegen, was Sie erreichen wollen und welche Auswirkungen die

Manipulation noch haben könnte. Vielleicht ist es gar nicht das, was Sie eigentlich wollen, sondern nur ein Vorwand und es gibt eigentlich andere Dinge, die im Moment viel wichtiger wären. Haben Sie Ihr Ziel klar vor Augen und machen Sie sich deutlich, was genau dahintersteckt.

Mit diesem Wissen können Sie sich davor schützen, selbst durch immer wieder aufkommende Werbung oder Falschaussagen manipuliert zu werden. Wenn Sie merken, dass Sie die gleiche Aussage immer wieder in einer anderen Form hören und Sie beginnen, diese zu glauben, dann sollten Sie einmal kurz innehalten und überlegen, ob es wirklich an der Bedeutung und der Richtigkeit der Aussage liegt oder ob es nicht doch allein daran liegt, dass Sie durch die Wiederholungen manipuliert werden sollen.

Manipulation durch Angst und Belohnung

Schon lange ist bekannt, dass vor allem starke Gefühle Menschen zum Handeln bringen und das Verursachen von Angst oft der Schlüssel ist, um andere zu manipulieren. Sicherlich kennen Sie es selbst, dass Sie schneller auf Warnungen reagieren, wenn Sie eine tatsächliche Bedrohung sehen und glauben, dass Sie in Gefahr sind. Trickbetrüger nutzen dieses Phänomen oft, um vor allem ältere Leute um ihr Geld zu bringen. Sie erzählen ihren Opfern am Telefon, dass deren Vermögen in Gefahr sei und es sicherer wäre, dass gesamte Geld auf ein anderes Konto zu überweisen. Bei vielen überwiegt in dieser Situation die Angst vor Verlust und die Unsicherheit. Als Urinstinkt bestimmt die Angst nun all ihre Handlungen und die Opfer folgen den Anweisungen, das Geld zu überweisen. Erst mit ein bisschen Abstand und leider zu spät wird ihnen dann deutlich, dass es sich um einen Trick handelte und sie manipuliert wurden.

Im Alltag können Ihnen viel unscheinbarere Manipulationen über den Weg laufen, die Sie durch Angst überzeugen, etwas zu tun oder zu lassen. Schauen Sie sich zum Beispiel die Werbungen aufmerksam an und Sie werden merken, dass oft Negativbeispiele genutzt werden, um Menschen zum Kauf zu animieren. Besonders Versicherungen machen sich diesen Effekt zunutze und zeigen in Werbungen, was passieren würde, wenn Sie die beworbene Versicherung nicht abschließen.

Auch im Alltag wird diese Manipulationstechnik sehr oft genutzt und womöglich fallen Sie selbst immer wieder darauf rein oder nutzen sie unbewusst. Schon wenn Ihnen Ihre Eltern früher sagten, dass Sie nur mit Ihren Freunden spielen dürfen, wenn Ihr Zimmer aufgeräumt ist, wurden Sie durch Ängste manipuliert. Dabei war es keine besonders große Angst, sondern Sie fürchten „nur", später nicht mit Ihren Freunden spielen zu dürfen. Allein das reichte aber schon, Sie dazu zu bringen, aufzuräumen. Solche Manipulationen sind oft anhand von Bedingungen erkennbar und Sie selbst können diese Technik nutzen, um kleinere Sachen zu erreichen.

Wenn Sie allerdings zu große Angst haben oder selbst verursachen, funktioniert diese Manipulation nicht wie gewünscht. Stellen Sie sich mal vor, Ihr Arbeitgeber kommt zu Ihnen und sagt, dass Sie Ihr Gehalt nur weiter bekommen, wenn Sie im nächsten Monat eine deutliche Leistungssteigerung zeigen. Zwar spornt Sie der Gedanke an Ihr Gehalt vielleicht ein bisschen an, doch wahrscheinlich überwiegt die Angst, das Ziel nicht zu erreichen, so sehr, dass Sie sich selbst im Weg stehen. Sie machen sich Sorgen, dass Sie es nicht schaffen, sind dadurch nicht richtig fokussiert und scheitern an der Aufgabe. In diesem Fall würde Ihr Arbeitgeber einen viel besseren Effekt erzielen, wenn er Ihnen statt des Verlustes Ihres Gehalts einen Zuschuss in Aussicht stellen würde, denn dadurch würden Sie tatsächlich mit mehr Motivation und Fokus arbeiten und könnten eine Leistungssteigerung erreichen.

Es ist sehr wichtig, dass Sie den Unterschied kennen und wissen, wann Sie mit Angst und wann Sie mit Belohnung arbeiten sollten. Die Aussicht auf eine Belohnung löst in Ihrem Körper Glücksgefühle aus und gleichzeitig geht es Ihnen besser und Sie können konzentrierter arbeiten. Angst dagegen löst ein beklemmendes Gefühl aus und Sie stehen ständig unter Druck, weil Sie wissen, dass die Folgen, wenn Sie ein Ziel nicht erreichen, für Sie nicht gut sind.

Überlegen Sie sich einmal, wie es für Sie als Kind war. Hätten Sie Ihr Zimmer eher aufgeräumt, wenn Sie dafür mit Ihren Freunden spielen dürfen oder wenn Sie sonst nicht mit Ihren Freunden spielen dürfen. Eigentlich bedeuten die beiden Sätze genau das Gleiche: Bei einem aufgeräumten Zimmer dürfen Sie mit Ihren Freunden spielen. Nur die Formulierung ist unterschiedlich. Beim ersten Satz wird mit Belohnung gearbeitet und beim zweiten Satz mit Bestrafung. Fühlen Sie sich in die Situation hinein und überlegen Sie, welche Möglichkeit für Sie angenehmer wäre. Sicherlich würden Sie motivierter an die Arbeit gehen, wenn Sie für das Aufräumen belohnt werden, denn sonst könnten Sie sich vielleicht denken, dass Sie sich dann halt heute nicht mit Ihren Freunden treffen und lieber ein unaufgeräumtes Zimmer haben.

Zwar ist dieses Beispiel ziemlich simpel, doch macht es sehr gut deutlich, wie wichtig schon die Formulierung bei der Manipulation ist. Natürlich gibt es viele Beispiele, bei denen eine Manipulation nur durch Angst erfolgreich ist, und unter anderem bei Gesetzen wäre es gar nicht anders möglich, denn jeden Bürger dafür zu belohnen, dass er ein Gesetz einhält, wäre einfach unmöglich. Die Angst vor eine Bestrafung erzielt dabei viel bessere Wirkungen. Zum Beispiel entscheiden Sie bei einer roten Ampel nicht selbst, dass Sie lieber stehen bleiben wollen, sondern Sie wissen, dass es nicht erlaubt ist, über Rot zu fahren, und es eine Geldstrafe oder einen Führerscheinentzug nach sich ziehen könnte.

Es gibt viele Dinge, die Sie nur durch Belohnung manipulieren können und ein ganz einfaches Beispiel dafür ist das vor längerem eingeführte Pfand auf Flaschen und Dosen. Sie würden die leeren Flaschen oder Dosen in den Müll schmeißen, wenn Sie nicht Geld für die Rückgabe erhalten würden. Durch das Pfand werden Sie sozusagen dazu manipuliert, die Flaschen und Dosen nicht einfach überall hinzuschmeißen, wenn Sie irgendwo unterwegs sind, sondern Sie nehmen sie leer wieder mit und geben Sie im nächsten Supermarkt wieder ab. In diesem Fall ist eine Bestrafung kaum umsetzbar, denn es kann nicht rund um die Uhr beobachtet werden, wer eine Flasche oder Dose wegschmeißt.

Die Manipulation durch Angst und Belohnung ist eine ganz einfache Technik, die im Alltag ständig verwendet wird und nur ein bisschen Überlegung erfordert. Sie müssen sich im Voraus überlegen, welche Technik die bessere ist und wie Sie die Manipulation möglichst unbewusst und erfolgreich gestalten. Sie können aber auch genau darauf achten, wo Sie von Mitmenschen, der Werbung oder Politikern mithilfe von Belohnung oder Bestrafung manipuliert werden, bestimmte Dinge zu tun oder zu unterlassen. Es ist faszinierend und erschreckend, wie verletzlich Angst Menschen macht und wie die Aussicht auf Belohnung Menschen zu Sachen manipulieren kann, die sie sonst nie gemacht hätten.

Manipulation des Denkens

Nicht nur andere, sondern auch Sie selbst können Ihr eigenes Verhalten und Ihre eigenen Gefühle manipulieren, indem Sie Ihr Denken verändern und genauer steuern. Der größte Teil von dem, was Sie die ganze Zeit denken, passiert unbewusst und Sie haben scheinbar keinen richtigen Einfluss darauf. Ihr Gehirn blendet manche Sachen bewusst aus und rückt dafür andere Dinge in den Fokus, wodurch Sie oft nur eine manipulierte Sichtweise erhalten. Aber Sie können sich wieder einen Teil Selbstbestimmung zurückholen und Ihre eigenen Gedanken und die anderer durch verschiedene Techniken manipulieren.

Sehr bekannt ist die Methode der Suggestion und Autosuggestion, die häufig in Therapien eingesetzt wird. Die Suggestion wird in drei Arten unterteilt, denn es gibt die direkte, indirekte und hypnotische Suggestion, die aber alle eine weitere Person voraussetzen. Die Autosuggestion dagegen können Sie ohne Hilfe von anderen bei sich selbst anwenden, um Ihr eigenes Denken zu beeinflussen.

Direkte Suggestion zeichnet sich dadurch aus, dass zwischen den beiden Personen ein Autoritätsunterschied besteht und eine Person über der anderen steht. Sie können sich vorstellen, dass Sie als Chef direkten Einfluss auf Ihre Angestellten haben und diese manipulieren können. Wenn Sie der Chef sind und zum Beispiel die Farbe Gelb überhaupt nicht leiden können, dann wissen mit der Zeit sehr wahrscheinlich auch Ihre Mitarbeiter davon und sie werden keine gelbe Kleidung mehr tragen, Gemeinschaftsräume nicht mehr gelb dekorieren und alles tun, um Ihnen nicht mit dieser Farbe auf die Nerven zu gehen. Schon morgens vorm Kleiderschrank schließen sie alle Kleidungsstücke mit Gelb aus, weil sie sich gerne gut mit Ihnen stellen wollen. Sie haben durch Ihre Autorität und allein durch Ihre persönliche Meinung über eine Sache die Gedanken Ihrer Mitarbeiter manipuliert und somit ihr Handeln beeinflusst. Dieses Farbbeispiel ist nicht besonders realistisch, aber bestimmt laufen einige Dinge in Ihrem Arbeitsalltag nach dem gleichen Prinzip ab. Passen Sie auf, denn Sie können so sehr leicht manipuliert werden und oft reicht dafür eine Person, die Ihnen wichtig ist oder eine, die Sie gerne beeindrucken wollen. Sie verändern dann Ihre Handlungen und passen sich so an, dass Sie der anderen Person möglichst gut gefallen. Manche gehen dafür zum Beispiel zum Friseur, kaufen sich neue Klamotten oder verschweigen viele Dinge, die in der Vergangenheit passiert sind.

Bei der indirekten Suggestion ist die Umsetzung etwas schwieriger, denn Sie wollen Ihr Gegenüber ohne direkte Aufforderungen zu etwas bringen und dabei soll es denken, dass es seine eigene Idee war. Sagen Sie zum Beispiel einem Freund, dass seine Haare echt lang geworden sind, dann macht er sich sehr wahrscheinlich Gedanken darüber und überlegt, ob es nicht vielleicht langsam

Zeit für einen Besuch beim Friseur wäre. Sie haben ihm also die Option gegeben, selbst einen Schluss daraus zu ziehen, und ihm nicht direkt gesagt, dass er mal wieder seine Haare schneiden soll, aber trotzdem haben Sie Ihr „Ziel" damit erreicht. Es ist also ein bisschen damit vergleichbar, jemandem etwas durch die Blume zu sagen, doch steht hier im Fokus, die Gedanken zu beeinflussen.

Hypnotische Suggestion dagegen ist nur in einem Zustand der Trance möglich und es braucht viel Übung, bis Sie sie anwenden können. Schließlich müssen Sie nicht nur die Gedanken von jemandem manipulieren, Sie müssen ihn dafür auch noch hypnotisieren können, und das ist unbemerkt eigentlich gar nicht möglich. Für Sie ist dieser Punkt also nicht relevant und auch ohne die hypnotische Suggestion können Sie die Gedanken von Freunden, Angestellten und anderen so manipulieren, dass Sie mit Ihren Wünschen übereinstimmen.

Dafür stellt aber die Autosuggestion noch einen wichtigen Pfeiler dar, denn durch diese Technik können Sie sich selbst manipulieren und Ihre Gedanken verändern. Das Prinzip dahinter ist, dass Sie sich Sätze überlegen, die Ihnen Kraft geben und die Sie stärken. Das kann zum Beispiel der Satz „Ich bin stark und ich kann viel erreichen." sein oder einfach nur „Ich bin besonders". Sie können sich Ihre ganz persönlichen Sätze überlegen und ausprobieren, welche Ihnen am meisten Kraft geben und welche zu schwach oder vielleicht zu stark für Sie sind. Diese Sätze können Sie sich dann immer wieder vorsagen und in selbstkritischen Momenten zur Unterstützung nehmen. Die Autosuggestion dient nämlich hauptsächlich dazu, Ihr Selbstbewusstsein und Ihre Selbstakzeptanz zu stärken und mit ausgewählten Sätzen negative Glaubenssätzen zu entkräften. Ihr eigenes Denken steht Ihnen oft im Weg und eine falsche Selbsteinschätzung setzt Ihnen immer wieder Grenzen, obwohl Sie noch gut ein Stück weitergehen könnten. Die Angst davor, zu versagen, ist ein großes Hindernis und durch stärkende Sätze können Sie diese Angst Stück für Stück überwinden.

Das Manipulieren von Gedanken erfordert deutlich mehr Arbeit und ist über einen längeren Zeitraum erforderlich, damit Sie wirklich Erfolg haben. Es bringt nichts, wenn Sie sich einmal sagen, wie stark Sie doch eigentlich sind, oder wenn Sie anderen einmal sagen, dass Sie es nicht mögen, wenn vor Ihrer Haustür geparkt wird. Hier ist eine regelmäßige Wiederholung wichtig und nur mit Geduld werden Sie Ihr Ziel erreichen. Aber das macht diese Manipulation besonders wirkungsvoll, denn sobald Sie Ihr Denken oder das Denken Ihrer Mitmenschen manipuliert haben, ist der Schritt zurück nicht mehr so einfach möglich und Sie haben viel länger etwas davon. Aber genau dieser Punkt macht die Technik sehr gefährlich, denn natürlich können auch Sie auf diese Weise manipuliert werden und oft merken Sie dann erst sehr spät, dass Ihre Gedanken nicht mehr ganz Ihre eigenen sind.

Manipulation durch Sprache

Besonders stark ist die Technik der Manipulation durch Sprache. Schon mit wenigen Veränderungen können Sie einiges erreichen, aber Sie müssen aufpassen, dass Sie diese Methode nicht mit der Manipulation durch Reden verwechseln, denn obwohl diese beiden Wörter eine ähnliche Bedeutung haben, sind die Techniken, die sich dahinter verbergen, völlig verschieden. Manipulation durch Reden bedeutet nur, dass Sie mit Worten manipulieren und nicht mit Handlungen, Geschenken oder Ähnlichem. Sie benutzen Ihre normale Sprache und manipulieren zum Beispiel mit Versprechungen oder Lügen. Bei der Manipulation durch Sprache wird allerdings die Wortbedeutung oder der Gebrauch von vielen Wörtern so geändert, dass sie eine manipulative Wirkung haben. Die Sprache kann dabei sowohl auf Satzebene als auch auf Wortebene verändert werden. Meistens fallen die kleinen Veränderungen an der Sprache gar nicht auf, sie haben aber trotzdem eine enorme Wirkung.

Schauen Sie sich als Beispiel folgende zwei Sätze an und überlegen Sie, wie sich die Wirkung unterscheidet und wie die Bedeutung: „Du bist gescheitert." „Du hast alles versucht, was du konntest." Die Bedeutung der beiden Sätze ist sehr ähnlich und bei beiden geht es darum, dass jemand eine Leistung nicht geschafft hat. Die Wirkung dagegen ist sehr unterschiedlich, denn während der erste Satz sehr demotivierend ist und impliziert, dass Sie zu schlecht sind, um die Aufgabe zu lösen, ist der zweite Satz viel positiver. Hier wird nicht nur das Endergebnis angeschaut und der Fakt, dass Sie eine Aufgabe nicht lösen konnten, sondern es wird beachtet, dass Sie es zumindest versucht haben und alles gegeben haben, was in Ihrer Macht steht. Durch diese kleine Änderung wird ein ganz anderes Gefühl ausgelöst und anstatt antriebslos dem Scheitern hinterherzublicken, können Sie sich mit neuer Energie einer anderen Aufgabe widmen.

Solche kleinen rhetorischen Mittel können Sie sich in Ihrem Alltag jederzeit zunutze machen, um andere nicht nur nach Ihren Wünschen zu manipulieren, sondern ihnen sogar zu helfen, motivierter und positiver zu sein. Manche Dinge sagen Sie einfach aus dem Bauch heraus und bei anderen überlegen Sie schon mehrere Tage davor, wie Sie die Sätze am besten formulieren könnten. Um die Sprache zum Manipulieren nutzen zu können, müssen Sie etwas öfter kurz innehalten und überlegen, wie genau Sie Dinge aussprechen.

1. **Wenig negative Wörter.** Egal, ob Sie eine Rede halten, Mitarbeiter bewerten oder mit Freunden sprechen, verwenden Sie in Ihrer Sprache so wenig negativ behaftete Wörter wie möglich. Wenn Sie zum Beispiel Ihre Firma vorstellen und über die Einnahmen im letzten Jahr reden, macht es einen großen Unterschied, ob Sie von schlechter Leistung und Verlusten sprechen oder von einer Leistungsveränderung und einer Anpassung der Einnahmen an die aktuelle Marktsituation. Sie verändern damit nicht die Fakten, aber sorgen dafür, dass die Zuhörer die Informationen anders aufnehmen und anders über Ihre Firma denken. Um negative Wörter zu vermeiden, sollten Sie sich die Wahrheit nicht zurechtbiegen und falsche Aussagen machen, sondern die rhetorischen Möglichkeiten nutzen und überlegen, wie Sie negative Fakten positiv formulieren können.

2. **Fokus.** Wenn Sie wollen, dass bei Ihren Gesprächspartnern eine Sache ganz besonders im Gedächtnis bleibt, dann sollten Sie diese bei Ihrer Rede in den Fokus rücken und besonders ausführlich besprechen. Darüber hinaus wurde mit Experimenten nachgewiesen, dass zuerst und zuletzt gesagte Dinge besser in Erinnerung bleiben und Sie sich nach mehreren Vorträgen oder nach mehreren Unterpunkten bei einer Rede immer am besten an den ersten und den letzten Teil

erinnern. Legen Sie also schon zu Beginn Ihrer Rede oder eines Gesprächs den Fokus auf Ihr wichtigstes Anliegen und gehen Sie zum Schluss noch einmal darauf ein.

3. **Bilder.** Bei diesem Punkt geht es nicht um tatsächliche Bilder, sondern vielmehr darum, welche Bilder Sie im Kopf der anderen hervorrufen. Stellen Sie sich dafür vor, dass Sie die Wahl zwischen zwei unterschiedlichen Fahrrädern haben: Bei dem einen heißt es in der Werbung nur, dass das Rad fahren kann. Bei dem zweiten Fahrrad dagegen ist die Rede von tollen Touren durch die Stadt, Ausflügen zum See und spannenden Wettrennen mit Freunden. Sicherlich würden Sie das zweite Rad deutlich ansprechender finden und eher kaufen, allein schon aus dem Grund, weil das Bild in Ihrem Kopf viel ausgeprägter ist und mit dem Gefühl von Wind in den Haaren, Sonne auf der Haut und Waldluft in der Nase verbunden ist. Durch ein paar Metaphern, ausschmückende Beiwörter oder bedeutungsstarke Ausdrücke können Sie viel erreichen und die Hörer ganz unbewusst manipulieren.

4. **Sicherheit.** Als letzter Punkt ist bei der Manipulation durch Sprache sehr wichtig, dass Sie Sicherheit ausstrahlen und hinter dem stehen, was Sie sagen. Vermeiden Sie es, Konjunktive zu verwenden oder zu viel über die Zukunft zu reden, da Sie dann keine Beweise haben, die das Gesagte belegen können, und unglaubwürdig wirken. Es macht einen Unterschied, ob Sie Ihren Mitarbeitern erzählen, dass die Firma in Zukunft vielleicht mehr Gewinn machen könnte und dadurch der Lohn steigen könnte, oder ob Sie sagen, dass der aktuelle Gewinn schon sehr gut ist, Sie aber noch viel Potential in

den Mitarbeitern sehen, um in Zukunft noch mehr zu erreichen. Zwar haben hier beide Sätze wieder eine sehr ähnliche Bedeutung, doch die zweite Formulierung strahlt mehr Sicherheit aus und sie weist überdies daraufhin, dass schon jetzt viel erreicht wurde.

Es gibt viele kleine und große Dinge, die Sie manipulieren können, indem Sie sich Ihre Sätze genau überlegen und Ihre Sprache richtig nutzen. Vor allem im Arbeitsleben kann das sehr nützlich sein und Sie können sich dadurch deutlich besser verkaufen und bei Mitarbeitern für mehr Motivation und eine bessere Stimmung sorgen. Oft ist Ihnen wahrscheinlich gar nicht bewusst, welche Auswirkung bestimmte Formulierungen haben können und wie schnell etwas falsch verstanden werden kann, doch wenn Sie sich kurz Zeit nehmen, um Ihre Sätze zu strukturieren, können Sie diese Fallen vermeiden und zu einem glaubwürdigen und starken Redner werden. Und vor allem, wenn Sie wenig Zeit haben, um deutlich zu machen, was Sie sagen wollen, kann eine gut überlegte Sprache von großem Vorteil sein, denn Sie können alles Wichtige in wenige Sätze stecken und die Hörer so manipulieren, wie Sie es gerne hätten.

Manipulation durch Bilder

Nicht ganz so einfach anzuwenden, aber trotzdem eine sehr effektive Manipulationstechnik ist das Manipulieren durch Bilder. Vor allem in den Nachrichten und in der Werbung werden die verwendeten Bilder ganz genau ausgesucht, bearbeitet und so manipuliert, dass sie besonders eindrucksvoll sind. Besonders bei Werbungen wird nicht nur das Foto selbst gestellt, sondern es wird anschließend noch intensiv am Computer bearbeitet, um Farben hervorzuheben, Schatten anders zu setzen und störende Details zu entfernen. Alles dient dazu, potenzielle Kunden bestmöglich anzusprechen und zum Kauf zu animieren. Bei Nachrichten dient die Manipulation eher dazu, bestimmte Teile in den Fokus zu rücken oder andere Teile außer Acht zu lassen, denn die Agenturen können die Bildausschnitte genau wählen und so etwas auslassen.

Ein sehr bekanntes Beispiel für eine solche Bildmanipulation ist ein Bild von drei Soldaten, von denen einer in der Mitte auf dem Boden kniet, während ihm der linke Soldat eine Waffe an den Kopf hält und ihm der rechte Soldat etwas zu trinken gibt. Schneidet man den linken Soldaten aus dem Bild, wirkt die Situation ganz anders und es scheint so, als ob sich der rechte Soldat barmherzig zeigt und einem anderen etwas zu trinken gibt. Nachrichten können durch solche Bilder den Eindruck vermitteln, dass diese Soldaten hilfsbereit sind und Schwächeren helfen, was jedoch nicht den Fakten entspricht.

Es ist sehr schwer zu erkennen, ob ein Bild auf diese Weise manipuliert wurde und sich die Situation tatsächlich so abgespielt hat. Wie sollten Sie auf die Idee kommen, dass ein Bild gar nicht die Realität abbildet, wenn Sie den Sachverhalt nicht kennen? Bei Werbungen ist es inzwischen zwar allgemein bekannt, dass die Bilder bearbeitet werden und die Realität anders aussieht, aber trotzdem fallen immer noch sehr viele darauf herein.

Die Bildmanipulation betrifft aber nicht nur das Herausschneiden oder Einfügen von bestimmten Dingen, sondern schon beim

Fotografieren kann einiges manipuliert werden. So spielt zum Beispiel der Bildaufbau eine wichtige Rolle und es ist entscheidend, aus welcher Position das Bild gemacht wurde. Wird eine Person von unten fotografiert, wirkt sie nicht nur größer, sondern es entsteht auch der Eindruck, dass die Person mächtiger ist und eine wichtige Position hat. Wird dagegen ein Foto von oben gemacht, wirkt die Person kleiner und weniger einschüchternd. Zusätzlich dazu können bestimmte Symboliken eine wichtige Rolle spielen und auch die Mimik ist entscheidend für die Bildwirkung. Zum Beispiel wirken Sie deutlich freundlicher, wenn Sie sich der Kamera zuwenden, ein Lächeln zeigen und der Hintergrund freundlich gestaltet ist. Drehen Sie sich dagegen etwas von der Kamera weg, schauen streng und stehen vor einem dunklen Hintergrund, wirkt das Bild eher abweisend und weniger einladend.

Immer wieder treffen Sie im Alltag auf manipulierte Bilder und oft haben genau diese Bilder einen großen Einfluss darauf, wie Sie denken und wie es Ihnen geht. Hierfür ein klassisches Beispiel: Sie sind gerade im Internet unterwegs und sehen dort das Urlaubsbild einer berühmten „Influencerin". Es sieht einfach alles perfekt aus, im Hintergrund geht gerade die Sonne im Meer unter, Sie ist perfekt gestylt und die Lichtverhältnisse sind genau richtig. Am liebsten wären Sie jetzt genau am selben Ort, würden das schöne Wetter genießen und entspannen. Aber der Schein trügt und das Bild ist reine Manipulation. Die Situation ist eigentlich gar nicht so perfekt: Aus Dutzenden von Fotos wurde das Beste ausgewählt und dieses anschließend am Computer nachbearbeitet. Für Sie sieht es nach dem perfekten Urlaub aus, doch dahinter steckt viel mehr und wahrscheinlich steht die Influencerin unter großem Druck, ein perfektes Bild hochzuladen. Aber nicht nur in den sozialen Medien werden Sie ununterbrochen manipuliert, sondern auch von Politikern, Firmen, Werbungen und Nachrichten.

Es ist aber nicht automatisch negativ, wenn Bilder manipuliert werden, um eine Situation besser darzustellen und Sie können diese Möglichkeit selbst nutzen, um sich und Ihre Arbeit in ein besseres Licht zu rücken. Aufpassen müssen Sie allerdings dann, wenn es beginnt, unrealistisch zu werden, oder Sie große Teile ausschneiden und verheimlichen. Es ist kein Problem, wenn Sie zum Beispiel mit besonderen Farbakzenten spielen, für einen ansprechenden Hintergrund sorgen oder die Perspektive und das Licht möglichst günstig wählen. Zusätzlich dazu kommt bei Bildern häufig noch ein Text hinzu und dieser kann ebenfalls eine manipulierende Wirkung haben. Vor allem wenn nicht ganz deutlich ist, wie die abgebildete Stimmung tatsächlich ist oder was genau im Fokus steht, kann eine Bildunterschrift eine gute Möglichkeit sein, um manipulativ einzugreifen.

Stellen Sie sich dafür einmal das Bild einer Innenstadt vor, in der gerade viele Menschen zum Einkaufen unterwegs sind. Bei einer Zeitung lautet die Unterschrift dazu, dass die Innenstädte immer überfüllter werden und kleine Geschäfte außerhalb zugrunde gehen. Bei einer anderen Zeitung dagegen heißt es, dass endlich wieder mehr los ist und die Geschäfte erstmals seit langem wieder gut besucht sind und Gewinn verzeichnen. Wenn Sie die negative Bildunterschrift lesen, sind Sie danach sehr wahrscheinlich kritischer gegenüber dem Einkaufsboom im Stadtzentrum und überlegen vielleicht sogar, öfter in kleinen einheimischen Geschäften einzukaufen. Bei der positiven Aussage ist das Gegenteil der Fall und Sie freuen sich vielleicht darüber, dass die Geschäfte wieder aufblühen, und planen Ihren nächsten Einkaufstrip. Obwohl Sie auf den Bildern genau die gleiche Situation sehen, erzeugt der Text bei Ihnen zwei ganz unterschiedliche Einstellungen und manipuliert Ihre Meinung über die Situation. Es könnte Ihnen davor egal gewesen sein, ob in der Innenstadt wieder mehr los ist oder ob kleine Geschäfte zugrunde gehen, aber durch das Bild und vor allem die unterschiedlichen Aussagen entsteht bei Ihnen eine Meinung dazu.

Die Manipulation durch Bilder kann also auf ganz unterschiedliche Arten erfolgen – es kann nicht nur im Nachhinein etwas durch Bearbeitungsprogramme oder Texte verändert werden, sondern auch die Aufstellung, die Kameraperspektive und die Belichtung können einen großen Einfluss haben.

Manipulation durch Geschicklichkeit

Schon durch überlegtes Vorgehen und geschickte Strategien können Sie andere manipulieren und Ihre eigenen Wünsche durchsetzen. Dafür gibt es unterschiedliche Punkte, die Sie nutzen können und die Sie ganz leicht in Ihren Alltag einbauen können. Die Manipulation sollte schließlich nicht sofort erkennbar sein und im besten Fall sollten die anderen überhaupt nicht bemerken, dass Sie sie gerade manipulieren.

1. Wahlmöglichkeiten stellen – Ja-Nein-Fragen vermeiden
    Vielen Menschen fällt es schwer, ein Angebot abzulehnen, und genau das können Sie ausnutzen, wenn Sie etwas erreichen wollen. Versetzen Sie sich dafür einmal kurz in die Rolle einer Bedienung im Restaurant, die ihren Gästen noch einen Nach-

tisch verkaufen will. Wenn sie die Gäste fragt, ob sie noch einen Nachtisch wollen, ist die Antwort in den meisten Fällen „Nein", fragt sie dagegen, ob sie lieber ein Eis oder ein Schokoküchlein wollen, überlegen es sich die Gäste noch einmal, da sie nicht einfach nein sagen können. Die Frage ist nämlich nicht mehr, ob sie einen Nachtisch wollen, sondern welchen sie lieber hätten. Mit diesem kleinen Trick werden die Gäste eher zu einer positiven Antwort gelenkt, denn es wird ihnen der Eindruck vermittelt, selbst noch die Wahl zu haben. Diese Technik kann Ihnen aber nicht nur von Nutzen sein, wenn Sie etwas verkaufen wollen, sondern auch bei Vorstellungsgesprächen, bei der Vereinbarung von Treffen mit Freunden oder beim Überzeugen anderer von Ihrer Idee. Vermeiden Sie, wenn Sie eine positive Antwort bekommen wollen, Ja-Nein-Fragen wie „Habe ich die Stelle?" oder „Willst du etwas mit mir machen?", sondern formulieren Sie die Fragen manipulativ um und fragen Sie zum Beispiel, wann Sie anfangen dürfen oder ob Sie zur Frühschicht oder Spätschicht kommen sollen. Das zeigt gleichzeitig mehr Motivation und Ihr Gegenüber wird dazu animiert, mit einer Zustimmung zu antworten.

2. Kompromisse sind besser als ein Nein
Auch für diesen Punkt können Sie sich wieder kurz die Kellnerin vor Augen führen, die ihren Gästen einen Nachtisch anbietet, und nehmen nun an, dass die Gäste das Angebot ablehnen. Jetzt könnte die Kellnerin wieder gehen und bald die Rechnung bringen. Oder aber sie versucht es mit einem Kompromiss und bietet zum Beispiel eine kleine Portion Eis oder ein Schokoküchlein zum Teilen an. Darauf folgt dann oft die Antwort, dass so ein kleiner Nachtisch ja noch reinpassen

würde, und die Bedienung hat es erfolgreich geschafft, ihren Gästen doch noch einen Nachtisch zu verkaufen. Sie hat zwar nicht das erreicht, was sie ursprünglich wollte, aber besser ein Kompromiss als ein endgültiges Nein. Und auch Sie können mit dieser Technik aus Gesprächen einiges mehr herausholen und Kunden, Chefs oder andere Personen manipulieren, ohne dass diese es mitbekommen. Wenn es zum Beispiel um eine Gehaltserhöhung geht, können Sie mit einer höheren Summe anfangen, als Sie sich eigentlich erhoffen, und bei einer Zurückweisung dann eine geringere Summe nennen, die Ihrem Wunsch entspricht und für Ihren Vorgesetzten leichter zu akzeptieren ist. Sie zeigen sich somit kompromissbereit und trotzdem willensstark, schließlich versuchen Sie nach der ersten Absage noch weiter, Ihr Ziel zu erreichen. Auch bei interessierten Kunden oder Angestellten können Sie diese Methode anwenden und privat kann sie sehr nützlich sein.

3. Kompetenzen zeigen und ehrlich sein
Vor allem bei Vorstellungsgesprächen, bei dem Verkauf von Produkten oder beim Vorstellen einer neuen Idee können Sie durch den Fokus auf die Vorteile und positiven Seiten Ihre Gesprächspartner geschickt manipulieren. Um zurück zu dem Beispiel mit der Kellnerin und dem Nachtisch zu kommen: Diese könnte nach einer ersten negativen Antwort auch noch einmal die guten Seiten des Nachtisches ansprechen und zum Beispiel sagen, dass das warme Schokoküchlein echt lecker oder ein kleiner Kaffee zum Schluss noch ein guter Absacker sei. Bei einem Vorstellungsgespräch können Sie zum Schluss noch einmal auf Ihre Kompetenzen eingehen und begründen, warum ausgerechnet Sie für diesen Job am besten geeig-

net sind. Vielleicht hat Ihr Gegenüber schon wieder ein paar Punkte vergessen und manche Aspekte sind ihm bis jetzt noch nicht richtig klar geworden, die Sie ihm nun aber noch einmal zeigen. Dabei ist es aber sehr wichtig, dass Sie zu jedem Zeitpunkt ehrlich bleiben und nicht etwas dazuerfinden, nur um überzeugender zu wirken oder eine größere Chance zu haben. Früher oder später wird Ihre Lüge auffallen und dann ist die Enttäuschung auf beiden Seiten groß und Ihr Ruf könnte darunter leiden. Sie können in das Gespräch ruhig ein paar Ihrer Schwächen einfließen lassen, denn das Zugeben von Fehlern macht Sie sympathischer, um danach darauf einzugehen, dass Sie an diesen Schwächen in Zukunft arbeiten werden.

Es gibt viele unterschiedliche Methoden, wie Sie durch Geschicklichkeit den Ausgang eines Gesprächs leiten können, aber auch äußere Faktoren haben einen Einfluss darauf. So ist unter anderem wichtig, welche Umgebung Sie für das Gespräch wählen und ob sich Ihr Gesprächspartner dort wohlfühlt. Ein dunkles und kleines Zimmer macht einen ganz anderen Eindruck als ein Raum mit großen Fenstern und viel Platz. Sie können zum Beispiel durch die Bereitstellung von Getränken oder einer Kleinigkeit zu essen die Stimmung lockern und für eine freundlichere Atmosphäre sorgen. Genauso wie der Ort ist auch der gewählte Zeitpunkt wichtig, wobei es sehr schwer sein kann, den optimalen Augenblick zu finden. Ist die andere Person gerade gestresst oder hat eigentlich gar keine Lust auf dieses Gespräch, handelt es sich um einen äußerst ungünstigen Zeitpunkt und die Chancen für ein erfolgreiches Gespräch stehen für Sie sehr schlecht. Bieten Sie jedoch die freie Wahl des Zeitpunkts an oder stellen mehrere Möglichkeiten zur Verfügung, kann ein passender Zeitpunkt gefunden werden und das Gespräch ist für beide Seiten deutlich angenehmer. Zwar wirken diese Dinge auf den ersten Blick sehr unscheinbar und nicht so, als ob Sie damit jemanden manipulieren könnten, doch tatsächlich machen schon Kleinigkeiten einen großen Unterschied und allein ein ungünstiger Zeitpunkt kann dazu führen, dass ein Angebot abgelehnt wird, obwohl Ihr Gegenüber eigentlich daran interessiert wäre.

Warum manipulieren Menschen?

Nun haben Sie schon viel über verschiedene Manipulationstechniken gelernt und erkennen hoffentlich etwas besser, in welchen Situationen Sie selbst Opfer von Manipulationen werden. Doch jetzt sollten Sie sich kurz mit anderen, sehr wichtigen Fragen beschäftigen: Warum manipulieren Menschen überhaupt? Gibt es vielleicht nicht nur negative, sondern auch positive Aspekte? Wo treffen Sie im Alltag regelmäßig auf Manipulationen?

Im ersten Moment hört es sich meistens schlecht an, wenn von Manipulation die Rede ist, doch tatsächlich gibt es viele Vorteile und in manchen Situationen ist dieser Weg unumgänglich. Menschen manipulieren in den meisten Fällen genau dann, wenn sie ein bestimmtes Ziel erreichen wollen. In dem Moment, wo zwischen dem Ziel und der aktuellen Situation noch einige Hindernisse stehen, versuchen viele – mehr oder weniger bewusst – die eigenen Bedürfnisse durch Manipulation zu erfüllen. Wenn Sie darüber nachdenken, können Sie vermutlich Momente in Ihrem Alltag entdecken, in denen Sie manipulieren. Nehmen Sie sich kurz ein paar Minuten Zeit, um sich an den gestrigen Tag zu erinnern. Gab es vielleicht Momente in der Arbeit, innerhalb Ihrer

Familie oder mit Freunden, bei denen Sie versucht haben, Ihre eigenen Wünsche durchzusetzen? Wenn ja, wie haben Sie das gemacht? Sie werden sich im Voraus vermutlich kaum gedacht haben, dass Sie jetzt auf die ein oder andere Manipulationstechnik zurückgreifen wollen, sondern Sie haben einfach gehandelt. Im Alltag sind Manipulationen oftmals gar nicht geplant und daher kann man nicht sagen, dass dieses Verhalten eine böse Absicht hat oder nur Nachteile für Ihr Gegenüber bringt.

Natürlich will keiner gerne manipuliert werden, doch wie heißt es so schön? Manchmal muss man dem Glück auf die Sprünge helfen. Nur weil Sie manipuliert wurden oder Sie selbst manipulieren, heißt dies nicht automatisch, dass das Ergebnis nicht für Sie oder Ihr Gegenüber in Ordnung ist. Stellen Sie sich vor, ein Freund hat Sie manipuliert, mit auf eine Feier zu gehen, auf die Sie eigentlich keine Lust hatten. Zu Beginn sind Sie noch zögerlich, doch schnell merken Sie, dass es vielleicht doch keine so schlechte Idee war und es Ihnen sogar gefällt. Ihr Freund hat also nicht nur erreicht, dass er nicht allein zur Feier gehen muss, sondern er hat Ihnen noch geholfen, aus Ihrem Versteck hervorzukommen.

Wenn von Manipulationen die Rede ist, sollten Sie sich also unbedingt merken, dass diese Verhaltensweise auf keinen Fall nur negativ ist und es nicht nur für den Manipulierenden, sondern auch für den Manipulierten Vorteile gibt. Wie bei so vielen Dingen im Leben, gibt es hier keine Schwarz-Weiß-Malerei, sondern ein buntes Spektrum an Farben. Versuchen Sie noch einmal, sich an verschiedene Situationen zu erinnern, in denen Sie manipuliert wurden, und überlegen Sie sich, welche Vorteile Sie womöglich davon hatten. Es ist zwar nicht so einfach, Manipulationen im

Nachhinein zu entschlüsseln, doch mit dem Wissen, das Sie inzwischen erlangt haben, sollte Ihnen diese Übung gelingen.

Vielleicht hilft es Ihnen davor noch, sich kurz Gedanken darüber zu machen, in welchen verschiedenen Situationen Sie im Alltag auf Manipulationen treffen. In diesem Buch soll es anschließend zwar vor allem um das Thema Manipulation im Beruf gehen, doch es kann nicht schaden, sich die anderen Bereiche kurz anzusehen. Sobald Sie dahintergekommen sind, wie Sie manipulatives Verhalten in einem Gebiet erkennen oder sich selbst zunutze machen können, können Sie dieses Wissen nämlich viel leichter auf weitere Bereiche übertragen. Sie verschwenden mit den folgenden Seiten keinesfalls Zeit, sondern Sie sparen sich sogar einiges an Mühe und lernen, in Ihrem Alltag mit Manipulationen richtig umzugehen.

1. Manipulation durch Werbung

   Den ersten Bereich, den ich Ihnen kurz vorstellen will, kennen Sie womöglich nur zu gut. Täglich sehen Sie in der Stadt Plakate, hören im Radio Werbesprüche oder es werden Ihnen auf dem Handy verschiedene Werbeanzeigen angezeigt. Egal, wo Sie unterwegs sind, immer wieder ziehen bestimmte Werbungen Ihren Blick auf sich und Sie können sich dagegen kaum wehren.

   Oft spielt die Farbe oder die Auswahl des Bildausschnittes eine wichtige Rolle, aber auch ein besonders eingängiger Slogan oder berühmte Personen beeinflussen Ihr Unterbewusstsein. Die Werbeagenturen schaffen es mit den verschiedensten Tricks, Sie von ihren Produkten zu überzeugen, und nicht selten sind Sie selbst schon auf eine solche Manipulation hereingefallen. Obwohl Sie das Produkte eigentlich nicht gebraucht hätten, haben Sie sich zumindest näher damit beschäftigt oder Sie haben es sogar gekauft. Von Angeboten im Supermarkt über ein neues Handy bis hin zu einem Pool im Garten. Egal, um welches Produkt es sich handelt, wenn Sie einmal von der Werbung gefangen genommen wurden, kommen Sie so schnell nicht mehr davon los. Sicherlich kennen Sie diese Situationen sehr gut und Ihnen fallen sofort ein paar Momente ein, in denen es Ihnen ganz ähnlich ging. Schreiben Sie sich diese Situationen am besten gleich auf einen Notizzettel, damit Sie später, wenn es darum geht, Manipulationen zu vermeiden, an diesen Beispielen arbeiten können.

Es ist durchaus sehr nervig, wenn man sich von jeder zweiten Werbung in den Bann ziehen lässt, doch zum Glück gibt es einige effektive Möglichkeiten, wie Sie sich gegen diese Manipulationen wehren können.

2. Manipulation durch die Familie
Dieser Bereich ist oft etwas schwieriger aufzudecken, schließlich wird hier mit Gefühlen manipuliert und nicht nur mit tollen Bildern oder spannenden Slogans. Vielleicht wollen Sie es gar nicht glauben, doch leider muss ich Ihnen sagen, dass Ihre Familie in hohem Maße manipulativ ist. Vor allem in Ihrer Kindheit, aber auch heute noch nutzen Ihre Eltern, Geschwister oder Großeltern immer wieder versteckte Techniken, um ihre Ziele zu erreichen. Am beliebtesten ist dabei der

Trick mit dem schlechten Gewissen, den Sie unbewusst auch schon selbst regelmäßig angewendet haben.

Kannst Du heute zur Oma fahren und Ihr im Garten helfen, ich habe gestern schließlich schon den Hausputz übernommen?

Auch wenn Sie sich mit Ihren Geschwistern vielleicht immer abwechseln, um Ihrer Oma zu helfen, werden solche Sätze gerne dann eingesetzt, wenn ein Geschwisterteil keine Lust hat, die ganze Gartenarbeit zu übernehmen. Sie zählen Dinge auf, die Sie bereits erledigt haben, und mit einer langen Liste schaffen Sie es, Ihrem Familienmitglied ein schlechtes Gewissen einzureden.

Zusätzlich dazu wenden Ihre Eltern immer wieder gerne den Belohnungstrick an, indem Sie Ihnen für eine Aufgabe eine bestimmte Gegenleistung anbieten. Vielleicht ist diese Art von Manipulation in den letzten Jahren immer seltener geworden, doch bestimmt finden Sie auch heute noch ein paar Beispiele dafür. Überlegen Sie sich einfach, welche Situationen Ihnen spontan einfallen, und notieren Sie sich diese. Regen Sie sich nicht zu sehr über die Momente auf, in denen Ihre Geschwister oder Eltern Sie manipuliert haben, sondern nutzen Sie die Erkenntnis lieber, um in Zukunft anders mit den Situationen umzugehen. Dabei geht es natürlich nicht darum, dass Sie niemandem mehr einen Gefallen tun, sondern vielmehr sollen Sie lernen, selbst zu entscheiden, ob Sie diese Aufgabe erledigen wollen oder nicht.

3. Manipulation durch Freunde
Freunde neigen ebenfalls immer wieder dazu, Sie zu manipulieren, und vor allem bei Freundschaften, die nicht so eng sind

oder die noch nicht lange bestehen, kommt es oft zu solchen Situationen. Leider trifft man nicht selten auf falsche Freunde, die einen über längere Zeit nur ausnutzen, ohne dass man selbst wirklich etwas davon mitbekommt.

Womöglich fällt Ihnen dazu selbst ein Beispiel ein und Sie erinnern sich an eine Freundin oder einen Freund, der es irgendwie immer wieder geschafft hat, Sie zu manipulieren. Sie haben dadurch Ihre eigenen Ziele immer weiter zurückgestellt und damit begonnen, die Ziele von Ihren Freunden zu verfolgen. Natürlich sind solche Extrembeispiele deutlich seltener als kleine Manipulationen im Freundeskreis und vielleicht hatten Sie Glück und konnten sich immer von solchen Personen fernhalten.

Die meisten Manipulationen in diesem Gebiet beruhen ebenfalls auf dem schlechten Gewissen und auf einem Appell an die Freundschaft. „Ich habe dir das letzte Mal doch auch geholfen. Sind Freunde nicht dazu da, um sich gegenseitig zu unterstützen?" Solche Sätze fließen dann immer wieder ins Gespräch ein, wodurch Sie schnell ins Grübeln kommen. Ehe Sie sich versehen, sind Sie auf die Manipulation reingefallen und helfen Ihrem Freund aus. Im Nachhinein ärgern Sie sich vielleicht noch über Ihr Verhalten und erkennen sogar, dass Sie manipuliert wurden, doch ohne die nötige Struktur und die Fokussierung auf Frühwarnsignale können Sie sich kaum dagegen wehren. Fügen Sie daher diese Beispiele erst einmal Ihren Notizen hinzu und überlegen Sie im weiteren Verlauf des Buches, wie Sie sich gegen diese Manipulationen wehren können.

4. Manipulation im Beruf

Nun kommen Sie aber endlich zu dem eigentlichen Punkt, um den es in diesem Buch gehen soll. Ein sehr wichtiges Thema ist die Manipulation im Beruf und womöglich haben Sie dieses Buch gekauft, um genau dafür Lösungen zu finden. Entweder ist Ihnen schon aufgefallen, dass Sie bei Ihrer Arbeit immer wieder manipuliert werden, oder Sie wollen sich frühzeitig vor solchen Situationen schützen.

In diesem Bereich ist die Manipulation besonders vielfältig und wieder einmal ist es wichtig zu sagen, dass es keinesfalls nur Nachteile gibt. Das Erste, was Ihnen hierzu vielleicht einfällt, ist, dass Kollegen ihre Arbeit immer wieder auf Sie übertragen oder Ihr Chef Sie überredet, Überstunden zu machen. Es ist ganz normal, dass Sie zuerst an all die Nachteile denken, doch gelingt es Ihrem Chef durch Manipulation vielleicht ebenfalls, Sie zu motivieren und die Teamfähigkeit zu stärken. Er stellt Ihnen Belohnungen in Aussicht oder erzählt Ihnen nicht immer die ganze Wahrheit, um Sie vor schlechten Nachrichten zu schützen.

Im Beruf kann die Manipulation Segen und Fluch zugleich sein und durch die breit gefächerte Einsetzbarkeit und die große Wirkung auf Ihren Alltag über die Arbeit hinaus ist es wichtig, dass Sie sich mit diesem Thema genau auseinandersetzen. Bevor Sie weiterlesen, können Sie sich aber trotzdem noch ein paar Notizen machen und überlegen, welche Beispiele Ihnen spontan einfallen. Gibt es vielleicht kleine Manipulationsfallen, in die Sie immer wieder tappen? Von wem werden Sie bei der Arbeit manipuliert? Nutzen Sie diese kurze Vorbereitung, um gleich intensiv in das Thema einzusteigen und anhand persönlicher Beispiele zu verstehen, wie wichtig die Manipulation im Beruf ist.

Richtig auf Manipulationen reagieren

Um auf Manipulationen reagieren zu können, müssen Sie erst einmal erkennen, dass Sie gerade manipuliert werden, und schon das kann eine große Herausforderung sein. Ihr Gegenüber wird kaum zuvor sagen, dass er gleich versuchen wird, Sie zu manipulieren, und Sie müssen das Gespräch und alles andere genau beobachten, um dahinterzukommen. Da Sie die unterschiedlichen Techniken schon kennengelernt haben, wissen Sie bereits, worauf Sie achten können und welche Punkte Hinweise für eine Manipulation sein können. Aber schon zu Beginn zu erkennen, dass Sie gerade nicht mehr frei entscheiden und von anderen Einflüssen gelenkt werden, ist eigentlich unmöglich und Sie müssen wohl oder übel akzeptieren, dass Sie sich nicht vollständig dagegen wehren können. Sie müssen sich aber nicht völlig geschlagen geben und können mit einer richtigen Reaktion trotzdem eine freie Entscheidung treffen und sich der Manipulation entziehen.

Zuerst einmal ist es sehr wichtig, dass Sie **Ruhe bewahren und das Gespräch fortführen**. Sie sollten auf keinen Fall gleich aufspringen und Ihrem Gegenüber vorwerfen, Sie gerade zu manipulieren. Lassen Sie sich nicht anmerken, dass Sie Ihrem Gesprächspartner auf die Schliche gekommen sind, und nutzen Sie diesen Vorteil für sich. Während er weiter versuchen wird, Sie zu manipulieren, können Sie sich ganz entspannt zurücklehnen und gelassen zuhören, schließlich werden Sie nicht mehr auf die Manipulationen hereinfallen und es kann belustigend sein, andere beim Manipulieren zu beobachten.

Stellen Sie sich einmal vor, Sie sitzen in einem Verhandlungsgespräch und Ihre Partner versuchen, Sie von einem neuen Produkt zu überzeugen. Eigentlich haben Sie schon länger damit abgeschlossen und sich gegen einen Kauf entschieden, aber trotzdem erklären Ihnen die Verkäufer noch einmal genau, welche Vorteile ein Kauf hätte, und bieten einen günstigeren Preis an. Ihr manipuliertes Ich würde sich sehr wahrscheinlich noch einmal umentscheiden und kaufen, aber mit Ihrem jetzigen Wissen über die Techniken der Manipulation können Sie frühzeitig erkennen, dass Sie mit einem Kauf nicht nach Ihrem eigenen Willen handeln. Daher können Sie der versuchten Manipulation widerstehen und den Kauf ablehnen. Wenn Sie in dieser Situation ruhig bleiben, können Sie sogar etwas dazulernen und sich Strategien zum Manipulieren abschauen oder überlegen, was die Verkäufer besser hätten machen können.

Bemerken Sie im Gesprächsverlauf eine Manipulation und haben das Gefühl, dass Sie sich immer weiter vom eigentlichen Thema entfernen, können Sie Ihr Gegenüber langsam wieder **zum eigentlichen Thema zurückführen** oder **Ihr Ziel noch einmal klar verdeutlichen**. Bei einer Argumentation stehen oft zwei Ziele gegeneinander und es fällt den Teilnehmern gar nicht bewusst auf, wenn sie nur auf ihr eigenes Ziel fokussiert sind. Sie steigern sich so in den Prozess des Überzeugens hinein, dass sie völlig vergessen, dass es noch andere Meinungen dazu gibt und manchmal ein Nein akzeptiert werden muss. Wenn Sie merken, dass sich das Gespräch immer wieder um das gleiche Thema dreht und versucht wird, Sie doch noch irgendwie von etwas zu überzeugen, sollten Sie die Führung übernehmen und das Gespräch zurück zum eigentlichen Thema leiten. Dafür müssen Sie nicht unbedingt die vermutliche Manipulation ansprechen oder Ihr Gegenüber zurechtweisen, viel wichtiger ist es, dass Sie Ruhe bewahren und Ihr eigenes Ziel wieder stärker in den Fokus rücken. Ein Streit hilft keiner der beiden Seiten und vor allem für erfolgreiche Verhandlungen in der Zukunft ist es von besonderer Bedeutung, dass beide Seiten zufrieden aus dem Gespräch gehen.

Zusätzlich sollten Sie sich nicht von Ihren Gefühlen leiten lassen, denn bei Manipulationen werden oft ganz bestimmte Gefühle wie Angst, Freude oder Schuldgefühle ausgelöst und Ihr Gehirn ist darauf trainiert, diesen Gefühlen zu folgen. Es ist daher nicht einfach, sich nicht davon leiten zu lassen, und es erfordert viel Kraft, dem Trieb zu widerstehen. Beim Gefühl von Angst zum Beispiel ist es ganz natürlich, dass Sie alles versuchen, um dieses Gefühl loszuwerden oder wenigstens zu mindern, doch genau das will Ihr Gesprächspartner erreichen und manipuliert Sie damit.

Warum Manipulation funktioniert

Sie sitzen gerade gemütlich auf dem Sofa, schauen einen Film im Fernsehen an und nutzen die meisten Werbepausen für einen Toilettengang, um Ihr Getränk aufzufüllen oder um sich etwas zum Knabbern zu holen. Aber dieses Mal bleiben Sie sitzen und schauen gespannt zu, denn die Werbung zeigt tanzende Menschen, einen tollen Sonnenuntergang am Strand und bunte Lichter, während dazu ein beliebter Song zu hören ist. Die Stimmung ist wunderschön und am liebsten würden Sie sich direkt von Ihrem Sofa an diesen Strand zaubern, um mitzutanzen und mitzufeiern. Langsam ändert sich der Kameraausschnitt und eine gemütliche, kleine Strandbar kommt ins Blickfeld, in der ein gutaussehender und durchtrainierter Barkeeper Cocktails mischt und dafür eine bestimmte Getränkemarke nimmt. Am Tresen steht auch eine junge Frau, die sich eines der Getränke nimmt, in Richtung Kamera läuft und sagt: „Erfrischend kühl und fruchtig lecker. Nur damit macht die Party im Sommer so richtig Spaß!" Und während die Musik weiterläuft und im Hintergrund die tanzenden Gäste verschwommen zu sehen sind, kommt noch einmal der Name der Marke ins Bild und eine angenehme Stimme sagt: „Suchen Sie erfrischend und fruchtig? Dann hören Sie auf zu suchen und greifen Sie zu!"

Vielleicht haben Sie beim Lesen schon direkt ein Bild vor Augen gehabt, sich an den letzten Urlaub am Meer erinnert und Lust auf eine erfrischende Limo oder einen Cocktail verspürt. Nun können Sie sich vorstellen, dass die Werbung Sie direkt noch mehr in den Bann ziehen würde und es nicht unwahrscheinlich wäre, dass Sie beim nächsten Einkauf ein Getränk dieser Marke mitnehmen. Hier soll die Werbung aber vor allem als perfektes Beispiel für die Manipulation von Kunden dienen und Sie können nun herausfinden, welche Tricks dabei angewendet wurden.

1. Der erste kleine, aber sehr bedeutende Trick war, dass diese Werbung als erstes geschaltet wurde und nicht in der Mitte des Werbeblocks. Viele schalten bei der Werbung um oder nutzen die Pause, um schnell ein paar Kleinigkeiten zu erledigen, und sehen die Werbung überhaupt nicht. Doch die erste Werbung wird meistens noch angeschaut, da der Film plötzlich unterbrochen wird und Sie so schnell gar nicht in ein anderes Programm schalten können. Bei mehreren Experimenten wurde auch tatsächlich nachgewiesen, dass die erste Werbung die Zuschauer am meisten beeinflusst und am besten in Erinnerung bleibt.

2. Um Sie weiterhin vor Ablenkungen zu schützen und Ihre Aufmerksamkeit zu behalten, haben die Produzenten ganz bewusst ein Lied genommen, welches aktuell sehr beliebt ist und welches Sie sofort erkennen. Noch dazu war es ein Lied, das zum Tanzen anregt, und in Zukunft werden Sie jedes Mal an die Werbung denken, wenn Sie dieses Lied hören. Falls Sie die Werbung also nicht gleich beim ersten Mal überzeugt hat, werden Sie immer wieder daran erinnert und irgendwann entscheiden Sie sich vielleicht doch dazu, das Produkt auszuprobieren.

3. Auch der Ort wurde gut gewählt, denn es gibt kaum jemanden, den ein toller Sonnenuntergang, eine Party am Meer und das Gefühl von Spaß und Sommer nicht anspricht. Die Werbung zielt darauf ab, bei Ihnen Erinnerungen an eigene Stranderlebnisse oder Partys hervorzurufen, damit Sie sich besser mit der gezeigten Szene identifizieren können. Vor allem zu stressigen Zeiten wünscht sich jeder eine kleine Verschnaufpause und das Wecken von tollen Erinnerungen kann eine kleine und erholsame Reise sein.

4. Viele Werbungen arbeiten inzwischen mit gesellschaftlichen Idealvorstellungen und so hat diese Werbung zum Beispiel einen gutaussehenden Barkeeper und eine junge, hübsche Frau gewählt, um das Produkt vorzustellen. Dadurch binden sie genau die Altersgruppe ein, die sie durch den Spot erreichen wollen.

5. Ein weiterer Trick ist die genaue Formulierung von Sätzen und die Anpassung an das beworbene Produkt. Der erste Satz ist mit vielen Adjektiven geschmückt und bringt kurz auf den Punkt, warum genau dieses Getränk von Ihnen gekauft werden sollte. Durch die Beschreibung haben Sie außerdem das Gefühl, das Getränk schon auf Ihrer Zunge zu spüren, und verspüren den Drang, es tatsächlich zu haben, noch stärker. Bei dem zweiten Satz ist es sehr schlau, dass Sie direkt angesprochen werden und mit der Frage noch einmal die Vorteile angesprochen werden. Am Ende liegt der Fokus so wieder auf dem Getränk und der Marke und es wird ein schöner Abschluss gefunden.

In den Nachrichten wird eine Debatte zwischen Politikern gezeigt und Sie merken, dass Sie, obwohl Sie davor eigentlich keine wirkliche Meinung zu dem Thema hatten, die Diskussion immer gebannter verfolgen und sich selbst Argumente überlegen. Ein Kandidat überzeugt Sie so sehr, dass Sie sich seiner Meinung anschließen. Der Politiker bringt stichfeste Beweise für seine Argumenten, denn er hat immer passende Forschungen, Studienergebnisse oder Umfragen parat, um seine Position zu untermauern. Vor allem zu Wahlkampfzeiten laufen solche Debatten immer wieder im Fernsehen und Politiker versuchen darüber, möglichst viele Wähler zu überzeugen. Aber nicht nur bei solchen öffentlichen Diskussionen nutzen Politiker Manipulationen, um die Bevölkerung zu überzeugen, auch während der Regierungszeit wird in großem Maße manipuliert und kaum eine politische Rede kommt ohne eine der Techniken aus. Sicherlich wurden Sie schon oft von Politikern manipuliert und haben sich deren Meinung angeschlossen oder bestimmte Projekte unterstützt. Die Absicht dahinter ist meist eine gute, da sie damit versuchen, ihr Handeln zu begründen oder die Bevölkerung zu beruhigen, wenn gerade eine Krise bevorsteht. Sie nutzen dafür die unterschiedlichsten Arten der Manipulation und die meisten Techniken sind so ausgefeilt, dass fast niemand dahinterkommt.

1. Um die Bevölkerung von etwas zu überzeugen und wichtige Maßnahmen durchzusetzen, braucht es oft deutliche Beweise. Daher begründen Politiker ihr Handeln in den meisten Fällen mithilfe von Studien, Messungen oder ähnlichen Angaben. Wenn zum Beispiel neue Regeln für den Klimaschutz verabschiedet werden sollen, berufen sie sich auf tatsächlich sichtbare Folgen und berichten von immer trockeneren Sommern, einer höheren Durchschnittstemperatur und

einer Zunahme von Wetterextremen. Dadurch wecken Sie in der gesamten Bevölkerung Aufmerksamkeit, denn inzwischen hat fast jeder schon selbst Folgen der Erderwärmung gespürt und zu wenig Regen, zu heiße Sommer oder starke Stürme erlebt. Jeder weiß also genau, wie nah die Bedrohung ist und wie wichtig Maßnahmen jetzt sind. Kaum jemand würde in dieser Situation den Politikern widersprechen und sich gegen neue Regeln stellen. Wenn die Politiker die Regeln allerdings ohne eine Begründung aufgestellt hätten, wäre die Unzufriedenheit bei den Bürgern deutlich größer und viele würden sich dagegen wehren. Aber mit den richtigen Beispielen und dem Appell, dass die Folgen des Nichthandelns noch schlimmer wären, manipulieren Politiker die Gesellschaft und sorgen für mehr Akzeptanz als Unruhe.

2. Oft manipulieren Politiker, indem sie sich Zahlen und Ergebnisse so hindrehen, dass sie eine möglichst große Aufmerksamkeit erregen. Hören Sie zum Beispiel, dass 10 % aller Deutschen von finanziellen Hilfen abhängig sind und vor allem viele Kinder von den Folgen von Armut und unzureichender Bildung betroffen sind, löst das bei Ihnen ein anderes Gefühl aus als die Formulierung, dass 90 % aller Deutschen unabhängig von finanzieller Hilfe sind und ausreichend Mittel für ihren Alltag zur Verfügung haben. Zwar bedeuten beide Formulierungen genau das Gleiche, doch lösen sie beim Hörer unterschiedliche Gefühle aus. Während Sie bei der ersten Aussage vielleicht mehr über mögliche Hilfen nachdenken und Projekte von der Regierung eher unterstützen, würden solche Anfragen bei der zweiten Aussage womöglich auf mehr Unverständnis treffen, schließlich geht

es den meisten Menschen in Deutschland gut. So schaffen es viele Politiker allein mit Hilfe von richtig verwendeten Zahlenergebnissen, ihre Projekte durchzusetzen.

3. Zuletzt sind politische Reden grundsätzlich sehr manipulativ. Nicht umsonst haben viele Politiker Rhetorikkurse besucht und feilen lange an den richtigen Formulierungen. Von der Einleitung bis zum Schlusssatz werden die Reden meist bis ins Detail perfekt durchgeplant, um möglichst überzeugend zu wirken, möglichst viele Bürger zu erreichen und vor allem die Zielgruppen anzusprechen. Außerdem sollte der Inhalt gut verständlich und mit ausreichend Fakten und Beispielen belegt sein. Bei all dem das richtige Mittelmaß zu finden ist gar nicht so einfach und es braucht Zeit, eine manipulative Rede fertigzustellen. Dabei haben die Politiker gar nicht das Ziel, möglichst viele Menschen zu manipulieren, sondern sie wollen einen Großteil der Wähler von ihren Plänen überzeugen, wobei es automatisch zu einigen Manipulationen kommt.

Nicht nur Politiker und Firmen nutzen die Möglichkeit, ihre Ziele durch Manipulation zu erreichen, es gibt auch im Alltag viele Dinge, die nur durch Manipulationstechniken möglich sind. Schon von klein auf werden Sie immer wieder von Ihren Eltern manipuliert und viele alltägliche Manipulationen verstecken sich so gut, dass Sie sie gar nicht erkennen. Zur Verdeutlichung finden Sie hier ein paar Beispiele, auch wenn Sie inzwischen vermutlich wissen, dass es noch viel mehr von ihnen gibt.

1. „Schatz, hast du schon die Spülmaschine ausgeräumt?" Natürlich können Sie diese Frage so verstehen, dass es reines

Interesse ist und wirklich nur danach gefragt wird, ob die Spülmaschine ausgeräumt ist, allerdings ist das nur in den wenigsten Fällen der Fall. Mit dem passenden Unterton entsteht bei Ihnen, wenn Sie Ihre Aufgabe noch nicht erledigt haben, schnell ein schlechtes Gewissen und Sie machen sich schleunigst an die Arbeit. Selbst wenn es gar nicht Ihre Aufgabe war, die Maschine auszuräumen, kann durch diese Frage der Eindruck entstehen, dass es eigentlich Ihre Aufgabe gewesen wäre und Sie es machen sollen. Sicherlich folgt bei Ihnen auf diese Frage oft die Antwort „Nein, aber ich mache es gleich noch" statt „Nein, mach du es". Schon allein die richtige Formulierung und der passende Unterton reichen aus, um Sie manipulativ zu beeinflussen und Ihr Verhalten zu verändern.

2. „Das ist gut und das ist nicht gut!" Solche Vergleiche hören vor allem Kinder, deren Eltern versuchen, ihnen eine gesunde Ernährung beizubringen, ihnen den Unterschied zwischen gefährlichen und ungefährlichen Dingen zu erklären oder ihnen zu zeigen, wer Freund und wer „Feind" ist. Eltern und enge Freunde dienten in vielen Situationen als Vorbild und so war es für Ihre Entwicklung von besonderer Bedeutung, wie sich Ihre Eltern verhielten und welche Werte sie vertraten. Denn durch die Vorbildfunktion vermittelten sie nicht nur Dinge wie Gefahren, Essverhalten oder Arbeitseinsatz, sondern zusätzlich viele Meinungen über politische Dinge, über andere Personen und vieles mehr. Diese Einstellungen haben Sie übernommen, sodass Sie sich oft kein eigenes Bild mehr von Situationen machen können. Auch heute reicht es oft schon aus, dass eine enge Freundin Ihre neue Frisur nicht mag, um

an sich zu zweifeln, und andersrum halten Sie Dinge für gut, die von Ihrer Familie für gut gehalten werden.

3. „Andere machen das aber so." In der heutigen Welt wird ständig verglichen und es ist kaum möglich, einen Menschen als Individuum zu sehen. Tatsächlich werden Sie dadurch manipuliert: Wenn auf einmal alle eine bestimmte Marke tragen, dann haben Sie selbst das Gefühl, dass Sie Kleidung dieser Marke brauchen und mit dem Trend gehen müssen. Wenn in einer Gruppe eine Person ausgeschlossen wird, dann schließen Sie sich womöglich der Mehrheit an und glauben schlechten Gerüchten, obwohl Sie sich selbst gar kein eigenes Bild gemacht haben. Es gibt viele Situationen, in denen allein die Masse Ihr Verhalten manipuliert, und bestimmt kennen Sie aus Kinderzeiten noch den Versuch, Ihre Eltern mit dem Argument „Die anderen dürfen das aber auch ..." zu überzeugen. Es ist ein starkes Mittel und Sie können dadurch nicht nur Leistungen optimieren, sondern gleichzeitig Ihr eigenes Handeln begründen und bekräftigen.

Die Beispiele für Manipulationen sind nahezu unendlich und es ist fast ein bisschen erschreckend, wie viel in der heutigen Zeit manipuliert wird. Obwohl es eigentlich als schlecht angesehen wird und negativ auffällt, wenn herauskommt, dass jemand zu etwas manipuliert wird, fühlt es sich doch fast so an, als wäre das ganze Leben manipuliert und als würde ohne diese Techniken nichts mehr in der Welt funktionieren. Egal ob privat oder öffentlich, an jeder Ecke treffen Sie auf große und kleine Manipulationen und Sie selbst können die Möglichkeit nutzen und viele Ziele dadurch erreichen.

Manipulation im Beruf erkennen

Nun kommen Sie endlich zum wirklich spannenden Teil und nach der intensiven Vorbereitung ist es um einiges einfacher für Sie, das Thema nachvollziehen zu können. In Ihrem Beruf stoßen Sie eigentlich täglich auf verschiedene Manipulationen und nicht selten baut ein Arbeitsverhältnis vollständig auf solchen Verhaltensweisen auf. Damit Sie sich in Zukunft deutlich seltener beeinflussen lassen und Sie die Manipulationen frühzeitig erkennen, sollten Sie sich auf den folgenden Seiten erst einmal mit ein paar grundlegenden Fragen beschäftigen. Es ist nicht leicht, direkt einen guten Überblick zu erhalten, weshalb Sie die folgenden Fragestellungen und Beispiele nutzen sollten, um etwas Ordnung in die vielen Gedanken und Einfälle zu bringen.

Werde ich manipuliert?

Ganz zu Beginn sollten Sie sich vielleicht eine der wichtigsten Fragen stellen: Werden Sie selbst manipuliert? Erinnern Sie sich dafür noch einmal an all die Punkte, die Sie auf den letzten Seiten gelernt haben. Was macht Manipulation aus? Warum manipulieren Menschen? Wer manipuliert?

Gehen Sie in Gedanken verschiedene Situationen durch und schreiben Sie sich die auf, bei denen Sie das Gefühl haben, manipuliert worden zu sein. Schauen Sie dafür etwas weiter in die Vergangenheit zurück und überlegen Sie sich zum Beispiel, wie Ihr Arbeitsvertrag zustande gekommen ist oder wie Sie genau diese Position erreicht haben. Die einfachste Frage, die Sie sich dafür stellen können, ist die Frage nach dem Istzustand und dem, was Sie eigentlich wollten. Sobald Sie sich an Ihre Ziele erinnern und Ihnen beispielsweise klar wird, dass Sie etwas ganz anderes machen wollten, können Sie die verschiedenen Manipulationen entlarven. Es ist also sehr wichtig, dass Sie sich bewusst machen, was Sie selbst eigentlich wollen. Je weniger Eigeninitiative Sie ergreifen, desto leichter wird es für andere sein, Sie zu manipulieren.

Achten Sie in der kommenden Woche ganz bewusst auf Ihr Bauchgefühl, überlegen Sie sich Ihre eigenen Ziele und fassen Sie am Schluss der Woche zusammen, wie oft Sie auf dem Weg zu Ihren eigenen Zielen abgelenkt wurden.

Stellen Sie sich einmal kurz vor, dass Sie mit Ihrer Arbeitssituation unzufrieden sind und eigentlich mit Ihrem Chef darüber reden wollen. Dieser hat in den letzten Wochen bemerkt, dass Ihre Motivation abgenommen hat, weshalb er schon ahnt, was in dem Gespräch auf ihn zukommt. Da er Sie als wichtige Arbeitskraft nicht verlieren will, gibt er Ihnen zu Beginn des Gesprächs gar nicht erst die Möglichkeit, die eigenen Themen anzusprechen, sondern sagt Ihnen sofort, wie froh er sei, dass Sie das Team so gut unterstützen. Er erklärt Ihnen, wie wichtig Sie für die Firma seien und wie dankbar er dafür sei, dass Sie Ihre Aufgaben so sorgfältig erledigen. Vielleicht sagt er Ihnen noch, dass Sie einer seiner besten Arbeitskräfte seien, und schafft es so, Sie immer weiter von Ihrem eigentlichen Anliegen abzubringen. Sie sind zu Ihm gekommen, um über Ihre Unzufriedenheit zu sprechen, und vielleicht sogar, um ihm zu erklären, dass Sie sich nach einer anderen Arbeitsstelle umschauen, die besser zu Ihnen passt. Nach diesem Gesprächsanfang trauen Sie sich nun aber nicht mehr, das Thema anzusprechen, da die ganzen Komplimente Ihnen schmeicheln. Sie überlegen, ob Sie nicht vielleicht einen falschen Eindruck von der Situation haben, und Sie sind bereit, allem noch einmal eine Chance zu geben. Obwohl Sie eigentlich genau wissen, dass sich in Zukunft nichts ändern wird, verlassen Sie das Büro Ihres Chefs wieder, ohne Ihr eigenes Anliegen angesprochen zu haben.

Dieses Beispiel ist nur eines von vielen und sicherlich könnten Sie eine ganze Liste aufzählen, sobald Sie sich genauer mit der Thematik beschäftigen. Es ist nicht leicht, herauszufinden, wann und von wem Sie manipuliert wurden, doch dabei werden Ihnen die nächsten Fragen helfen.

Woran erkenne ich, dass ich manipuliert werde?

Manipulationen als solche zu erkennen ist nicht immer einfach und solange Sie sich nicht genauer mit dem Thema beschäftigt haben, werden Sie in Zukunft immer weiter manipuliert werden. Sie müssen leider erst einmal viel Zeit aufwenden, um ein Grundverständnis zu erlangen, bevor Sie anschließend um einiges schneller erkennen können, wann und von wem Sie manipuliert wurden und werden. Verzagen Sie jedoch nicht, denn auch wenn Sie jetzt einen Berg Arbeit vor sich haben, lohnt es sich auf jeden Fall, die Zähne zusammenzubeißen und durchzuhalten. Sie werden anschließend sehen, dass es in Ihrem Beruf viel besser läuft und es

Ihnen leichter fällt, Ihre eigenen Ziele zu verfolgen. Sie sind auf dem richtigen Weg und bis hierhin haben Sie bereits große Fortschritte gemacht. Bleiben Sie also weiterhin am Ball und finden Sie heraus, woran Sie Manipulationen erkennen.

Auf einen Punkt sind Sie im letzten Abschnitt schon gestoßen: **Eigene Ziele werden nicht erreicht**. An diesem Merkmal erkennen Sie am schnellsten, dass Sie manipuliert werden, doch es setzt voraus, dass Sie Ihre eigenen Ziele kennen. Morgens vor der Arbeit haben Sie sich vielleicht gedacht, dass Sie es heute endlich schaffen, Ihren Auftrag fertigzustellen und abzuschicken, doch jetzt, wo Sie zuhause sitzen und über Ihren Tag nachdenken, fällt Ihnen auf, dass Sie wieder zu viele Sachen für Ihre Kollegen gemacht haben. Ständig kam jemand mit einer Frage oder einer Aufgabe zur Tür herein und mit dem Satz „Ich komme hier echt nicht weiter und du hast doch viel mehr Erfahrung." oder „Mein Kind ist krank und ich muss heute leider früher heim." haben Sie eine Aufgabe nach der anderen übernommen. Ohne darauf zu achten, was Sie heute eigentlich machen wollten, haben Sie Ihre Kollegen unterstützt und ihnen ihre Arbeit abgenommen. Selbstverständlich ist dieses Verhalten nicht grundsätzlich schlecht, da es für ein gutes Arbeitsklima wichtig ist, dass Mitarbeiter sich gegenseitig unterstützen, doch sollten Sie immer darauf achten, dass Ihre eigenen Ziele nicht zu kurz kommen.

Sie befinden sich jetzt noch in der Findungsphase und müssen nach und nach erkennen, wann Sie manipuliert werden. Dafür kann es durchaus hilfreich sein, wenn Sie sich morgens ein paar Ziele aufschreiben, die Sie im Laufe des Tages erreichen wollen. Vielleicht wollen Sie die Mittagspause mal wieder mit ein paar

Kollegen entspannt in der Cafeteria verbringen oder Sie wollen ausnahmsweise früher gehen, um auf dem Heimweg noch einen Abstecher zum Sport zu machen. Egal, welche Ziele Sie heute für Ihren Arbeitsalltag haben, notieren Sie sich alle Punkte, die Ihnen einfallen. So können Sie die Liste am Abend noch einmal durchgehen und abhaken, welche Ziele Sie tatsächlich erreicht haben. Wo gab es Momente, in denen Manipulationen Sie daran gehindert haben, Ihre eigenen Ziele zu erreichen? Überlegen Sie gleichzeitig, wie schlimm es für Sie ist, dass Sie Ihr Ziel nicht erreicht haben. Vielleicht gibt es nicht nur Nachteile, sondern Sie haben dadurch einen anderen Weg kennengelernt und bemerkt, dass Ihr eigentliches Ziel nicht das Richtige war. Sicherlich ist diese Ausarbeitung in den ersten Tagen sehr zeitintensiv, doch werden Sie merken, dass Sie mit etwas Übung immer schneller werden. Außerdem werden Sie Manipulationen, die Sie einmal erkannt haben, in Zukunft viel leichter bemerken und vielleicht gelingt es Ihnen schon bald, sich gegen sie zu wehren.

Ein weiterer Punkt, an dem Sie gut erkennen können, ob Sie manipuliert wurden, ist Ihre **Unzufriedenheit.** Sobald Sie bemerken, dass Sie nicht gerne zur Arbeit gehen oder Sie Aufgaben nur ungern erledigen, können Sie sich fragen, ob dahinter nicht vielleicht eine Manipulation steckt. Eigene Ziele zu erreichen, macht meistens Spaß und gibt Ihnen Kraft. Anders sieht es hingegen aus, wenn Sie immer wieder die Aufgaben anderer erledigen müssen oder Ihr Chef Sie überredet, einen Auftrag anzunehmen. Mit diesen Aufgaben können Sie sich deutlich schlechter identifizieren und während Sie bei eigenen Zielen wirklich motiviert wären, die Aufgaben fertigzustellen, müssen Sie sich bei solchen Situationen deutlich mehr anstrengen. Irgendwann macht Ihnen vielleicht

Ihre eigentliche Arbeit keinen Spaß mehr, weil Sie nur noch mit Aufgaben überhäuft werden, für die Sie nicht zuständig sind.

Ihre Unzufriedenheit kann sich aber auch darauf beziehen, dass Sie mit der Arbeitsstelle insgesamt nicht glücklich sind. Eigentlich haben Sie den Entschluss gefasst, zu kündigen oder zumindest mit Ihrem Chef über die Situation zu reden, doch dieser schafft es, wie bei dem vorhin angeführten Beispiel, Sie schnell vom Gegenteil zu überzeugen. So sitzen Sie weiter in dieser Situation fest und werden mit der Zeit immer unzufriedener. Um nicht in eine solche Abwärtsspirale zu geraten, sollten Sie immer wieder beobachten, ob Ihnen die Arbeit guttut. Sobald Sie merken, dass Sie mit einer Situation nicht einverstanden sind oder Sie keinen Spaß mehr haben, sollten Sie nach den Ursachen suchen. Oftmals liegt dem Ganzen eine Reihe von Manipulationen zu Grunde und wenn Sie die Manipulationen aufdecken und verhindern, werden Sie wieder mehr Spaß an Ihrer Arbeit haben.

Zusätzlich können Sie Manipulationen an Gedanken wie „**Eigentlich wollte ich heute …**" erkennen. Dieser Punkt ähnelt dem ersten Erkennungsmerkmal, doch geht es hier vor allem um kurzfristige Manipulationen. Womöglich kennen Sie es, dass Sie sich schon kurz nach einer Zusage fragen, warum Sie das eigentlich gemacht haben. Sie wussten genau, dass Sie sich nicht wieder überreden/manipulieren lassen wollten, doch trotzdem hat es Ihr Gegenüber geschafft. Natürlich ist so etwas ärgerlich, doch können Sie die Erfahrung nutzen, um sich für die Zukunft besser vorzubereiten. Finden Sie heraus, in welchen Situationen Sie sich denken, dass Sie eigentlich etwas ganz anderes machen wollten. Überlegen Sie anschließend, was Sie vielleicht schon im Voraus anders machen könnten, um Ihrem Gegenüber gar keine Chance zu geben, Sie zu manipulieren. Je genauer Sie sich im Alltag beobachten, desto mehr solcher Situationen können Sie entdecken und desto besser können Sie sich in Zukunft dagegen wehren. Zur Unterstützung können Sie sich diese „Eigentlich"-Sätze aufschreiben und zum Beispiel an Ihren Laptop oder auf Ihre Schreibtischunterlage kleben. So erinnern Sie sich immer wieder an Ihren Plan und laufen nicht Gefahr, wieder auf Manipulationen reinzufallen.

Zuletzt können Sie Manipulationen auch noch mit Hilfe von **Erfahrungen** erkennen. Natürlich brauchen Sie dafür etwas mehr Zeit und erst nachdem Sie die ersten manipulativen Personen in Ihrem Alltag ausfindig gemacht haben, hilft dieser Schritt wirklich. Tatsächlich gibt es immer wieder Personen, die sich mit einem Trick nach dem anderen durchmogeln. Sie manipulieren nahezu ununterbrochen und eigentlich ist Ihnen schon klar, was auf Sie zukommt, bevor diese Person überhaupt mit dem Reden angefangen hat. Solche „Schleimer" finden sich vor allem häufig im beruflichen Alltag und vielleicht haben Sie schon direkt den ein oder anderen Kollegen vor Augen. Wenn Sie nun schon öfter die Erfahrung gemacht haben, dass Sie von diesen Personen ausgetrickst werden, können Sie sich darauf stützen und davon ausgehen, dass die nächste Manipulation nicht lange auf sich warten lässt. Zwar sollten Sie aufpassen, Ihre Erfahrung nicht zu sehr zu verallgemeinern, doch lohnt es sich, etwas genauer über Anfragen speziell von diesen Personen nachzudenken. Hören Sie auf Ihr Bauchgefühl und lassen Sie sich nicht zu sehr von den Manipulationen überzeugen. Das Schwierige hierbei ist, dass diese Personen oft extrem gut manipulieren können, sodass Sie eine Weile brauchen, um die Manipulationen zu enttarnen. Nutzen Sie also zuerst die anderen Techniken, um diese Manipulierer ausfindig zu machen, bevor Sie sich anschließend auf Ihre Erfahrung stützen und zukünftigen Manipulationen aus dem Weg gehen.

Egal für welchen Weg Sie sich nun entscheiden, mit ausreichend Selbstreflexion und Aufmerksamkeit können Sie es in wenigen Wochen schaffen, Manipulationen zu erkennen. Zu Beginn wird es Ihnen vermutlich noch nicht so leichtfallen und vor allem kleine Manipulationen werden Ihnen oft durch die Lappen gehen, doch Sie werden Tag für Tag besser. Schreiben Sie sich am besten immer wieder ein paar Erkenntnisse auf, damit Sie nach mehreren Tagen ein paar Muster erkennen können und nicht immer wieder auf die gleichen Maschen hereinfallen.

Wie können Arbeitnehmer manipuliert werden?

Nachdem Sie nun gelernt haben, wie Sie Manipulationen erkennen können, ist es noch interessant, einen genaueren Blick auf die Manipulation von Arbeitnehmern zu werfen. Dieses Thema wurde auf den letzten Seiten schon immer wieder angesprochen, doch sollen Sie hier noch ein paar konkrete Beispiele kennenlernen.

1. Jobbeschreibung

   Wenn es um die Manipulation im Beruf geht, dann sollten Sie am besten ganz vorn anfangen und sich überlegen, wie Sie allein schon durch die Jobbeschreibung manipuliert werden können. Ein Unternehmen will natürlich möglichst viele potenzielle Arbeitnehmer ansprechen, die ausreichend Qualifikationen mitbringen. Aus diesem Grund sind die

Stellenanzeigen meist in zwei Teile gegliedert, die zeigen, was Ihnen geboten wird und was der Arbeitgeber von Ihnen fordert. In den meisten Fällen kommt dabei der „Wir bieten"-Teil zuerst, um Sie von Anfang an positiv zu stimmen. Faires Gehalt, Weiterbildungsmöglichkeiten, ein gutes Team, Aufstiegsmöglichkeiten usw. sind die Köder, die Sie einladen, der Stellenausschreibung zu folgen. Aber nicht umsonst werden die Punkte meist nur wage beschrieben. Kaum eine Firma schreibt das tatsächliche Gehalt in die Stellenanzeige oder nennt eine konkrete Anzahl an Fortbildungen. Bevor Sie sich also auf ein solches Angebot stürzen, sollten Sie unbedingt nachhaken und herausfinden, was genau mit den einzelnen Punkten gemeint ist.

Zusätzlich dazu manipulieren viele Firmen Ihre zukünftigen Arbeitnehmer, indem sie die Bewerbung möglichst einfach gestalten. Immer öfter findet man unter Stellenausschreibungen im Internet einen Link, dem Sie folgen können, um sich direkt mit einem kurzen Anschreiben zu bewerben. Die Formalitäten und alles weitere kommen erst später, denn je unkomplizierter der erste Schritt zum Job ist, desto eher entscheiden sich Arbeitssuchende für eine Bewerbung.

Überlegen Sie doch einmal kurz, wie Sie zu Ihrer Arbeitsstelle gekommen sind. Worauf sind Sie bei der Jobausschreibung hereingefallen? Gab es vielleicht kurze Erfahrungsberichte von Angestellten, die von einem tollen Arbeitsklima, einer guten Work-Life-Balance oder Ähnlichem gesprochen haben? Sicherlich fallen Ihnen im Nachhinein ein paar Punkte ein, die Sie damals bei der Jobsuche nicht beachtet haben. So haben große Unternehmen deutlich mehr Präsenz und ihnen stehen ganz andere Möglichkeiten zur Verfügung, um künftige Arbeitnehmer zu erreichen. Achten Sie die nächsten Tage doch einmal auf Anzeigen in der Zeitung, im Internet oder auf Plakaten. Jetzt, wo Sie schon so viel über Manipulationen gelernt haben, erkennen Sie hier womöglich das ein oder andere Muster.

2. Gehalt

Nun haben Sie Ihren Job aber vermutlich schon etwas länger und Sie sind weniger daran interessiert, wie Unternehmen bei der Stellenausschreibung auf Manipulationen zurückgreifen. Stattdessen wollen Sie vermutlich wissen, welche Manipulationen jetzt im Beruf auf Sie zukommen und wie Sie sich zur Wehr setzen können.

Ein ganz wichtiger Punkt ist Ihr Gehalt, denn sobald es um Verhandlungen in diesem Bereich geht, fühlen sich viele Arbeitnehmer unwohl und lassen sich oftmals viel zu schnell abschrecken. Es ist also normal, wenn es auch Ihnen nicht so leicht fällt, Ihren Chef auf dieses Thema anzusprechen. Egal, ob es um Ihr Einstiegsgehalt oder um eine Gehaltserhöhung geht, Sie wollen sich nicht lächerlich machen und haben Angst, Sie könnten sich überschätzen. Und wenn Sie sich doch trauen, schafft Ihr Chef es meistens schnell, Sie durch Manipulationen von Ihrem Ziel abzuhalten.

„Ich werde mir Ihre Arbeit in den nächsten Wochen genauer anschauen und dann können wir nochmal über das Thema reden.“

„So lange sind Sie doch noch gar nicht im Betrieb, was halten Sie davon, wenn wir in ein paar Monaten noch einmal über Ihr Anliegen reden?“

„Für mehr Geld würde ich gerne auch mehr Leistung sehen. Können Sie diese Leistung denn erbringen?“

Mit solchen oder ähnlichen Sätzen werden Sie oftmals auf die Zukunft vertröstet oder Sie werden so unsicher, dass Sie sich anschließend nicht mehr trauen, noch einmal über dieses Thema zu reden.

3. Arbeitsklima

Ein weiterer Punkt, der gerne unter den Tisch gekehrt wird, ist das Arbeitsklima. Sicherlich haben Sie selbst schon immer wieder Erfahrungen damit gemacht, dass nicht alles rund läuft und es manchmal zu Streitereien kommt. Natürlich ist es normal, dass nicht alle einer Meinung sind und nicht jeder gut mit jedem zusammenarbeiten kann, doch trotzdem ist es nicht in Ordnung, wenn Arbeitgeber dieses Thema einfach ignorieren. Sobald zum Beispiel angesprochen wird, dass es einige Kollegen gibt, die weniger arbeiten, die sich ständig unbegründet krankschreiben lassen oder die das Arbeitsklima stören, kommen von vielen Chefs abweisende Kommentare.

„Sie hatten es doch auch nicht immer leicht.“

„Es ist normal, dass nicht jeder mit jedem klarkommt.“

„Klären Sie persönliche Probleme doch erst einmal untereinander, bevor ich als höhere Instanz die Streitereien kläre.“

Sätze dieser Art muss man sich leider viel zu häufig anhören und oftmals geht man anschließend mit dem Gefühl aus dem Gespräch, aus einer Mücke einen Elefanten gemacht zu haben. In manchen Bereichen ist es durchaus verständlich, dass sich der Chef nicht direkt einmischen will, doch sollten Sie sich keinesfalls zu sehr manipulieren lassen, wenn es um ein gutes Arbeitsklima geht. Es ist wichtig, dass Sie gerne zur Arbeit gehen und sich gut im Unternehmen aufgehoben fühlen, andernfalls leidet nämlich nicht nur Ihre Leistung, sondern auch Ihre Gesundheit.

4. Arbeitszeiten

Ein ebenfalls sehr wichtiger Punkt ist die Manipulation in Bezug auf Ihre Arbeitszeiten. Wer kennt den häufigen Satz „Können Sie heute ausnahmsweise etwas länger machen?" denn nicht? Das „ausnahmsweise" könnte man eigentlich aus dem Satz streichen, schließlich ist es nicht das erste Mal, dass Sie Überstunden machen, weil noch zu viel Arbeit liegen geblieben ist. Während bei Vertragsabschluss noch von geregelten Arbeitszeiten, ausreichenden Pausen und freien Wochenenden die Rede war, zeigt sich nun, dass Sie bei diesen Aussagen auf eine Manipulation hereingefallen sind.

Wahrscheinlich behauptet jeder Arbeitgeber, dass die Arbeitszeiten gut mit dem Privatleben vereinbar sind und Sie nicht viele Überstunden machen müssen, doch aufgrund von Personalmangel, Arbeitsspitzen oder schlechtem Zeitmanagement ist dies nur ein leeres Versprechen. Sie sollten unbedingt darauf achten, dass Sie sich nicht zu sehr über den Tisch ziehen lassen und Ihre zusätzliche Arbeit fair bezahlt wird. Verzichten Sie nicht auf freie Tage oder einen verdienten früheren Feierabend, nur weil es Ihren Kollegen oder Ihrem Chef nicht gelingt, die Arbeit richtig aufzuteilen. Achten Sie darauf, dass Sie nicht in Arbeit ersticken und nicht nur Sie allein alle Überstunden übernehmen. Wie vorhin bereits angesprochen, gibt es immer wieder Kollegen, die ihre manipulativen Fähigkeiten regelmäßig einsetzen, um sich vor Überstunden, langen Schichten oder Ähnlichem zu drücken.

Neben diesen vier Beispielen gibt es noch viele weitere Situationen, in denen Sie im beruflichen Alltag manipuliert werden können. Der ein oder andere Punkt wurde bereits in einem der vorangehenden Kapiteln besprochen und auf den nächsten Seiten werden Sie immer wieder auf verschiedene Beispiele stoßen. Überlegen Sie sich gleichzeitig selbst, welche persönlichen Erfahrungen Sie diesbezüglich haben. Das Lesen von Beispielen wird Ihnen für die anschließende Umsetzung von Übungen nur beschränkt hilfreich sein und je früher Sie damit beginnen, das Gelernte auf Ihren eigenen Alltag zu übertragen, desto schneller können Sie sich gegen die Manipulationen zur Wehr setzen.

Warum/wozu werden Sie manipuliert?

Nachdem Sie die Situationen kennengelernt haben, in denen Sie während der Arbeit manipuliert werden, interessiert es Sie vielleicht noch, warum Sie überhaupt manipuliert werden. Warum fragen Ihre Kollegen oder Ihr Arbeitnehmer Sie nicht einfach direkt?

Nun, diese Frage können Sie sich vermutlich inzwischen schon selbst beantworten. Mit Hilfe von Manipulationen gelingt es Ihren Kollegen oder Ihrem Arbeitnehmer leichter, ihre Ziele zu erreichen. Sie können sich besser durchsetzen und dafür sorgen, dass Sie Aufgaben übernehmen, auf die Sie eigentlich keine Lust haben. Sie werden in einem der späteren Kapitel erfahren, wie Sie sich selbst die Manipulation zunutze machen können.

Stellen Sie sich einmal vor, dass Ihr Chef möchte, dass Sie in den nächsten Tagen etwas länger arbeiten, weil gerade sehr viel Arbeit anliegt. Er kommt auf Sie zu und fragt Sie direkt, ob Sie die restliche Woche ein paar Stunden länger bleiben können. Sie haben sich eigentlich schon den ganzen Tag auf Ihren Feierabend gefreut und für die nächsten Abende haben Sie die ein oder andere Verabredung geplant. Nach kurzem Überlegen sagen Sie ihm also ab, schließlich wollen Sie Ihre sozialen Kontakte nicht vernachlässigen.

Gehen Sie nun gedanklich nochmal in die Situation zurück, in der Ihr Chef Sie um Überstunden bittet. Stellen Sie sich vor, er hätte Sie nicht direkt gefragt, sondern Ihnen folgende Frage gestellt: „Ich kann mir gut vorstellen, dass Sie privat einige Termine haben und Sie sich nicht gerade freuen, wenn Sie die nächsten Tage länger auf der Arbeit sind, doch leider häuft sich der Berg an Arbeit aktuell gewaltig. Ich wäre Ihnen wirklich dankbar, wenn Sie – ich frage speziell Sie, weil ich weiß, wie gut Sie arbeiten – für den Rest der Woche ein paar Stunden mehr einplanen könnten. Selbstverständlich können Sie dafür in ruhigeren Zeiten den ein oder anderen freien Tag nehmen und ich werde es mir positiv vermerken. Bitte überlegen Sie es sich gut, denn langsam verliere ich bei der vielen anstehenden Arbeit wirklich den Überblick." Bei dieser Formulierung sind Sie viel eher bereit dazu, Ihrem Chef entgegenzukommen, und obwohl er bei beiden Beispielen nach dem gleichen Ergebnis gefragt hat, erreicht er durch die Manipulation viel leichter sein Ziel.

Erinnern Sie sich an dieser Stelle kurz zurück an eines der ersten Kapitel. Sie haben gelernt, dass Manipulation nicht nur etwas Schlechtes ist, und das sollten Sie auch weiterhin im Hinterkopf behalten. Nur weil Ihr Chef, Ihre Kollegen oder Kunden auf Manipulationen zurückgreifen, heißt es nicht, dass Sie diesen Personen gleich ablehnend entgegenkommen müssen. Vielmehr können Sie, sobald Sie die Manipulationen erkannt haben, Rückschlüsse aus dem Gespräch ziehen. Die Anwendung einer Manipulation weist nämlich darauf hin, dass das Ziel dem Manipulierenden äußerst wichtig ist und er nicht weiß, wie er es sonst erreichen soll. Er ist sich unsicher, ob Sie ihm helfen werden, wenn er direkt fragt, weshalb er die Manipulation zur Unterstützung hinzuzieht.

Wenn Sie Manipulationen frühzeitig erkennen und Ihr Gesprächspartner noch nicht weiß, dass Sie ihm auf die Schliche gekommen sind, können Sie sich dies zunutze machen und weiterhin selbstbestimmt entscheiden. Sie lassen sich nicht mehr so leicht beeinflussen und können sogar vom Manipulierten zum Manipulierenden werden.

Womöglich gibt es einige Situationen, in denen Sie selbst gerne auf Manipulationen zurückgreifen, weshalb Sie vorsichtig mit der Bewertung sein sollten. Sie haben selbst Ziele, die Sie durch einfaches Nachfragen nicht erreichen können, daher ist es sinnvoll, nicht jedem Manipulator niedere Beweggründe zu unterstellen.

In gewissen Bereichen ist Manipulation inzwischen normal geworden und daher müssen Sie damit umgehen können, dass Sie täglich manipuliert werden. In der Werbung, beim Einkaufen oder auf der Arbeit – egal, wo Sie sich befinden, immer wieder versuchen Menschen über verschiedene Tricks ihre Ziele zu erreichen. Ärgern Sie sich deshalb nicht zu sehr, wenn Sie mal wieder auf eine Manipulation hereingefallen sind, sondern nutzen Sie diese Gelegenheit, um in Zukunft aufmerksamer zu werden und Ihre eigenen Manipulationen zu verbessern.

Manipulationstechniken von Chefs und Kollegen

Nun sind Sie an dem Teil des Buches angekommen, wo es um direkte Beispiele aus Ihrem Berufsalltag geht. Sie sollen in diesem Kapitel lernen, besonders hinterhältige Manipulationen von Kollegen oder von Ihrem Arbeitgeber zu erkennen, um sich anschließend mit den passenden Methoden wehren zu können. Es gibt viele Manipulationen, die Sie einfach akzeptieren können, doch es gibt auch viele, vor denen Sie sich schützen sollten. Auf den nächsten Seiten werden die Fallbeispiele immer in Form eines kurzen Dialogs dargestellt, damit Sie überlegen können, wie genau hier manipuliert wurde. Sicherlich kennen Sie einige der Situationen aus Ihrem Arbeitsalltag oder Sie können sich zumindest gut in das Gespräch hineinversetzen.

Fallbeispiel 1:

Kollege: Hallo, ich habe gesehen, dass Du gestern früher gegangen bist. Was war denn los?

Sie: Hallo, ja, leider musste ich gestern früher gehen, weil mein Sohn ein Tennisspiel hatte und ich ihm versprochen hatte, dass ich dieses Mal zum Zuschauen und Anfeuern vorbeikommen würde.

Ach so, das verstehe ich natürlich. Nur musste ich gestern am Schluss noch alles allein fertig machen und aufräumen, weil auch von den anderen keiner mehr da war.

Das tut mir natürlich leid. Ich wusste nicht, dass auch der Rest früher gehen musste oder frei hatte, sonst hätte ich meinem Sohn abgesagt und mir für das nächste Spiel freigenommen.

Das ist natürlich nicht nur deine Schuld. Aber da ich gerade schon mir dir spreche, hätte ich noch eine Frage. Mein Fußballverein hat am Donnerstag ein wichtiges Spiel, bei dem ich natürlich gerne dabei wäre. Allerdings werden wir vermutlich etwas länger unterwegs sein und vor allem wenn wir gewinnen, wird es danach ordentlich etwas zu feiern geben. Ich werde am nächsten Tag auf jeden Fall nicht so fit sein, dass ich um 8 Uhr mit der Arbeit anfangen kann. Ich wäre dir daher unglaublich dankbar, wenn du dich da bei mir revanchieren könntest und du schon ein bisschen früher zur Arbeit kommst. Ich habe schließlich gestern, ohne mich zu beschweren, Überstunden gemacht, um eure Arbeit fertig zu machen.

Ich weiß deine Hilfe gestern sehr zu schätzen und natürlich kann ich da schon etwas früher zur Arbeit gehen. Sag mir einfach noch einmal Bescheid, wenn du sicher weißt, wann du weg bist und was ich in der Zeit erledigen soll.

Dieses erste Beispiel beschreibt höchstwahrscheinlich eine Situation, die Sie regelmäßig selbst erleben. Das schlechte Gewissen ist eine sehr starke Waffe und immer wieder machen es sich Kollegen – und vielleicht auch Sie selbst – zunutze, um die eigenen Ziele zu erreichen. Obwohl Sie womöglich kein Frühaufsteher sind und Sie nur allzu gerne selbst etwas später zur Arbeit kommen, haben Sie Ihrem Kollegen die Hilfe zugesagt. Vielleicht sind Sie gar ein Fan desselben Vereins und wollten sich den Tag eigentlich selbst freinehmen. Ihr Kollege hat sie allerdings derart überrumpelt, dass Sie gar keine Chance mehr hatten, über die Situation nachzudenken. Tatsächlich hat er Ihnen gestern sehr geholfen und Sie hatten sich im Voraus keine großen Gedanken darüber gemacht, früher zu gehen. Ihr schlechtes Gewissen meldet sich daher direkt und sagt Ihnen, dass Sie eigentlich keine andere Wahl haben, als Ihrem Kollegen diesen freien Vormittag zu gewähren. Doch warum ist das schlechte Gewissen ein so starker Treiber?

Die meisten Dinge im Leben beruhen auf einem Geben-Nehmen-Prinzip und so ist es auch mit gegenseitigen Hilfestellungen. Wenn Sie sich Ihren Teil schon genommen haben, kann sich Ihr Kollege dieses Missverhältnis zunutze machen. Womöglich kommt noch hinzu, dass es Ihnen schwerfällt, sich für Ihre eigenen Bedürfnisse einzusetzen. Lieber wollen Sie anderen Arbeit abnehmen als Arbeit zu verursachen und daher kommt es nur sehr selten vor, dass Sie sich freinehmen. Im Voraus haben Sie schon fünfmal hin und her überlegt, ob Sie sich diesen freien Nachmittag wirklich nehmen können und jetzt, wo Ihr Kollege Sie darauf anspricht, hätten Sie sich am liebsten anders entschieden. Ihre Entscheidung können Sie jetzt zwar nicht mehr zurücknehmen, doch können Sie als Gegenleistung Ihrem Kollegen helfen.

Zusätzlich kommt oft die Angst dazu, dass andere schlecht über das eigene Verhalten denken könnten. Was wird Ihr Kollege von

Ihnen halten, wenn Sie jetzt nicht einwilligen? Wird er vielleicht mit anderen darüber reden oder Sie sogar beim Chef schlecht dastehen lassen? Auch wenn solche Sorgen meist unbegründet sind, machen sich viele Menschen übermäßig Gedanken über die Auswirkung des eigenen Handelns. Womöglich kennen Sie ähnliche Situationen selbst und können gut nachvollziehen, warum es so schwer ist, sich gegen derartige Manipulationen zu wehren.

Je mehr Gedanken Sie sich bereits vor solchen Situationen machen, desto leichter können Sie manipuliert werden. Ihre Kollegen machen sich diese Tatsache meist sehr schnell zunutze, da sie wissen, dass sie bei Ihnen ihre Ziele am schnellsten erreichen können. Aus diesem Grund ist diese Art der Manipulation besonders hinterhältig, schließlich können Sie sich, selbst wenn Sie es wollten, kaum dagegen wehren. Ganz aussichtslos ist die Situation allerdings nicht und mit genügend Übung und den Tipps, die Sie im nächsten Kapitel erhalten werden, können Sie schrittweise versuchen, sich von der Dominanz der Schuldgefühle zu befreien.

Fallbeispiel 2:

Chef: Guten Morgen, gut, dass ich Sie gerade treffe! Ich habe noch ein wichtiges Anliegen und es wäre toll, wenn Sie kurz mit mir in mein Büro kommen könnten.

Sie: Guten Morgen, natürlich, gerade wollte ich mich an den Schreibtisch setzen, aber der kann auch noch ein paar Minuten warten.

Sehr gut! Sicherlich haben Sie in den letzten Wochen und Monaten mitbekommen, dass uns einige Kollegen leider verlassen mussten. Nun ist allerdings die Arbeit deshalb nicht weniger geworden und langsam wird der Stapel an unbearbeiteten Aufträgen immer größer. Mir ist durchaus bewusst, dass Sie nur eine halbe Stelle haben und Sie privat noch einiges am Laufen haben, doch wäre ich Ihnen unglaublich dankbar, wenn Sie in den nächsten Wochen ein paar Stunden mehr übernehmen könnten. Sie können sich vermutlich vorstellen, wie ungerne ich frage, und selbstverständlich würde ich Ihr Entgegenkommen entsprechend vergüten. Sie würden zusätzlich zu den Stunden, die Sie extra arbeiten, noch einen kleinen Bonus erhalten und je nachdem, wie lange sich diese Situation hinzieht, würde ich Ihnen drei Urlaubstage zusätzlich gutschreiben.

Das hört sich ja so an, als wüssten Sie wirklich nicht mehr, wo Sie überhaupt ansetzen sollen. Ich habe tatsächlich bemerkt, wie viele Kollegen uns in letzter Zeit verlassen haben, und ich kann Ihr Problem gut nachvollziehen. Gegen mehr Geld habe ich natürlich nichts einzuwenden, doch um wie viele Stunden zusätzlich würde es denn gehen?

Mir würde es erst einmal darum gehen, während des Übergangs etwas Ordnung in das ganze Chaos zu bekommen. Ich suche schon fleißig nach neuen Kollegen, doch das ist aktuell leider nicht so einfach. Wenn Sie einen Tag mehr arbeiten könnten, wäre das für mich schon eine große Hilfe und ich hätte eine Sorge weniger. Die Kunden fangen teilweise schon an zu fragen, wann ihre Aufträge endlich fertig sind, und so könnte ich ihnen zumindest schon einmal eine grobe Richtung geben.

> *Okay, einen Tag mehr könnte ich aktuell tatsächlich schaffen. Natürlich muss ich erst noch mit meinem Partner über die ganze Sache reden, doch wenn ich alles richtig im Kopf habe, wäre das möglich.*
>
> Damit wären Sie mir wirklich eine unglaublich große Hilfe. Und falls Sie merken, dass Ihnen der zusätzliche Tag gut reinpasst, können wir den zusätzlichen Tag gerne über längere Zeit in Ihrem Vertrag festschreiben. Es wäre wirklich toll, wenn ich zumindest eine Person hätte, die zuverlässig arbeitet und mich in diesem Chaos unterstützt. Wie gesagt, das Gehalt erhalten Sie mit einem kleinen Bonus und über den zusätzlichen Urlaub werden wir noch einmal reden, wenn sich die aktuelle Situation abgekühlt hat. Vielen herzlichen Dank!

Diese Situation kommt genau in dieser Form vermutlich nicht allzu häufig vor, doch können Sie die Thematik auf andere Bereiche übertragen. Allgemein geht es in dem zweiten Fallbeispiel darum, dass Chefs und Kollegen gerne mit Hilfe von Gegenleistungen manipulieren. Dieses Mal ging es um Bonuszahlungen und eventuell mehr Urlaubstage, doch kann es auch um ganz andere Dinge gehen. Vielleicht verspricht Ihnen ein Kollege, dass er einen lästigen Auftrag für Sie übernimmt oder er ein gutes Wort beim Chef für Sie einlegt. Vielleicht geht es darum, wer bei dem nächsten Kongress mitkommen darf oder wer die Firma nach außen vertritt. Manipulationen über Gegenleistungen kommen im Alltag sehr häufig vor und auf den nächsten Seiten werden Sie erfahren, warum diese Technik so effektiv und hinterhältig ist.

Schon in Ihrer Kindheit wurden Sie durch Belohnungen motiviert. So gab es zum Beispiel ein bisschen mehr Taschengeld, eine Packung Gummibärchen oder einen Ausflug in den Freizeitpark, wenn Sie etwas besonders gut gemacht haben. Ihre Eltern wussten genau, wie sie Sie zum Aufräumen, zum Lernen oder zu Ähnlichem überreden konnten, und durch die Manipulation haben Sie oftmals nicht richtig mitbekommen, wie lästig die Aufgaben Ihnen waren. Die Aussicht auf Belohnungen löst in Ihrem Gehirn eine Abfolge von Signalwegen aus und Ihr Gehirn sagt Ihnen: Da müssen wir hin, das wollen wir haben!

Vielleicht kennen Sie die Situation, wenn Sie beim Einkaufen auf einen Artikel stoßen, bei dem ein Gewinnspiel mit dabei ist. Immer wieder werden zum Beispiel Autos oder hohe Geldsummen in Aussicht gestellt, wenn man Gewinncodes sammelt, die in Flaschendeckeln oder auf Schokoladentafeln stehen. Sie wissen eigentlich, dass es kaum eine Chance gibt, zu gewinnen, doch Ihr Gehirn wird von der ausstehenden Belohnung unterbewusst so beeinflusst, dass Sie gleich ein paar Flaschen Bier mehr in den Einkaufswagen legen. Dieses Verhalten nutzen Kollegen oder Arbeitsnehmer ebenfalls, nur dass Sie diesmal tatsächlich eine Belohnung erhalten. Sobald die Worte „mehr Gehalt" ins Spiel kommen, zeigt Ihnen Ihr Gehirn schon Bilder von einem tollen Urlaub oder einem Gegenstand, auf den Sie schon lange sparen. Vielleicht wollten Sie sich einen Wochenendtrip gönnen, doch Ihr aktuelles Gehalt reicht nicht aus, um diesen Urlaub zu finanzieren. Spricht Ihr Chef dann allerdings einen Bonus an, will Ihr Gehirn sofort die Chance ergreifen und zuschlagen. Dass es dabei aber um noch mehr Arbeit und einen freien Tag weniger in der Woche geht, übersieht es getrost.

Das besonders Hinterhältige ist zusätzlich oft, dass die Gehaltsversprechungen sehr vage bleiben und Ihr Chef es vermeidet, genaue Summen zu nennen. Bei dem Beispiel haben Sie vielleicht bemerkt, dass weder gesagt wurde, wie viel Sie zusätzlich arbeiten sollen, noch, wie viel Geld Sie zusätzlich bekommen. Zwar war die Rede von einem Tag in der Woche, doch konnte man dem Chef schon anmerken, dass er eigentlich wusste, dass mehr Arbeitszeit nötig ist, um alles aufzuarbeiten. Mit dem „foot in the door"-Trick, den Sie zu Beginn des Buches kennengelernt haben, schafft es Ihr Chef, Sie zuerst allgemein zu überzeugen, auf seine Bitte einzugehen. Erst im Nachhinein kommen die weiteren Fragen auf den Tisch und da Sie nun schon zugesagt haben, wollen Sie keinen Rückzieher mehr machen.

Sie können bestimmt sehr gut nachvollziehen, wie wehrlos Sie gegen Manipulationen mit Belohnungen sind. Kaum jemand lehnt mehr Gehalt oder mehr Urlaubstage ab und im Nachhinein würden Sie sich vermutlich immer wieder fragen, warum Sie nicht einfach auf das Angebot eingegangen sind und jetzt einen schönen Urlaub genießen. Außerdem wollen Sie Ihren Chef nicht im Stich lassen und so kommt es dazu, dass Sie die Manipulation kaum verhindern können. Aber auch hier ist die Situation nicht ganz aussichtslos, denn mit ein paar kleinen Tricks können Sie es in Zukunft schaffen, nicht gleich zu allem Ja zu sagen, aber dazu kommen Sie erst im nächsten Kapitel.

Fallbeispiel 3:

Kollege: Hallo, hast du kurz Zeit für mich?

Sie: Perfektes Timing, gerade habe ich mein Meeting abgeschlossen. Was brauchst du denn?

Ich habe gerade einen ziemlich schweren Auftrag auf dem Schreibtisch liegen und irgendwie weiß ich nicht mehr, wie ich weitermachen soll. Ich habe schon versucht, mir Hilfe aus Büchern und Internetquellen zu suchen, doch irgendwo hänge ich gewaltig. Ich habe gesehen, dass du ziemlich flott und sehr sorgfältig arbeitest und daher wollte ich dich fragen, ob du mir den Auftrag vielleicht abnehmen könntest. Ich habe das Gefühl, dass ich nicht der Richtige für den Job bin und du zu einem deutlich besseren Ergebnis kommen würdest. Hättest du aktuell die Kapazitäten, um mir diesbezüglich unter die Arme zu greifen?

Eigentlich arbeite ich selbst gerade noch an einem Auftrag, aber wenn ich mich damit beeile, bin ich in zwei bis drei Tagen fertig. Wann muss dein Auftrag denn fertig sein?

Ursprünglich sollte er in ungefähr einer Woche durch sein, aber ich könnte mit dem Auftraggeber noch einmal Kontakt aufnehmen, um die Abgabe nach hinten zu schieben. Ich habe wirklich lange versucht, selbst einen Fuß in die Tür zu bekommen, doch scheinbar bin ich für den Auftrag einfach noch nicht erfahren genug. Bei dir bin ich mir sicher, dass du das schaffen kannst, schließlich erhältst du eigentlich nur Lob und selbst die schwereren Aufträge schaffst du mit links.

> *Eine Woche könnte tatsächlich etwas knapp werden, aber wenn du noch einmal mit dem Auftraggeber sprichst und er die Abgabe ein paar Tage später akzeptiert, könnten wir eine Lösung finden. Dein Lob nehme ich natürlich gerne an und es freut mich, dass meine Arbeit so gut ankommt.*
>
> Es ist wirklich beeindruckend, wie du das alles schaffst! Obwohl du noch nicht so lange hier arbeitest, hat man den Eindruck, du machst dein ganzes Leben lang schon nichts anderes. Da könntest du mir gerne mal ein Stück von abgeben!

Wer hört es nicht gerne? Mit Lob überhäuft zu werden, ist immer wieder ein tolles Gefühl und selbst wenn Sie eigentlich wissen, dass Ihre Kollegen übertreiben, nehmen Sie die positive Rückmeldung nur allzu gerne an. Da scheint es doch eigentlich schon fast egal zu sein, wenn Sie noch einen „kleinen" Auftrag zusätzlich erledigen müssen, oder? Das ganze Lob fühlt sich so gut an, dass Sie diesen Haken doch tatsächlich übersehen und Sie Ihrem Kollegen schnell Hilfe zusichern. Wie würden Sie auch dastehen, wenn Sie das Lob dankend annehmen, aber den Hilferuf trotzdem ablehnen? Ihr Gegenüber macht sich genau diese Tatsche zunutze. Aber warum reagieren Sie eigentlich so anfällig auf Lob?

Stellen Sie sich vor, Sie sitzen den ganzen Tag am Schreibtisch, erledigen eine Aufgabe nach der anderen und kommen sich fast wie ein Roboter vor. Zwar wissen Sie, dass Sie Ihre Arbeit gut machen, doch scheinbar bemerkt es niemand außer Ihnen und Lob erhalten Sie kaum. Mit der Zeit macht Ihnen die Arbeit immer weniger

Spaß und Sie haben das Gefühl, dass Sie nur noch ein Mittel zum Zweck sind. Aufträge müssen erledigt werden, Kunden sollen zufrieden sein und genau diese Anforderungen können Sie erfüllen. Zu Beginn haben Sie noch viel Energie in Ihre Arbeit gesteckt, doch inzwischen fehlt Ihnen die Motivation dazu, schließlich scheint keiner Ihren Mehraufwand zu respektieren.

Ganz anders würde es Ihnen allerdings gehen, wenn Sie regelmäßig positives Feedback bekommen. Egal, ob von Ihrem Chef, von Auftraggebern oder, wie in diesem Fallbeispiel, von Kollegen. Dadurch haben Sie das Gefühl, dass Ihre Arbeit respektiert wird und es sich lohnt, weiterhin Energie zu investieren. Lob löst in Ihrem Gehirn Glücksgefühle aus und egal, wie schlecht der Tag davor war, kann eine kleine positive Rückmeldung Ihnen wieder ein Lächeln ins Gesicht zaubern.

Das Lob führt aber nicht nur dazu, dass Sie glücklicher werden und mehr Spaß an Ihrer Arbeit haben, sondern gleichzeitig bewirkt es, dass Sie sich weiterhin anstrengen. Sie wollen Ihrem Gegenüber beweisen, dass er Sie zurecht gelobt hat, indem Sie die nächsten Aufträge ähnlich gut abschließen. Für das Fallbeispiel bedeutet das also, dass Sie Ihren Kollegen eigentlich gar nicht abweisen können, da Sie ihm zeigen müssen, dass sein Lob berechtigt war. Angestachelt von seinen Worten wollen Sie sich selbst unter Beweis stellen und zeigen, dass Sie sogar schwierige Aufträge problemlos erledigen können. Versetzen Sie sich einmal kurz in die Situation, dass Sie erst überschwänglich gelobt werden und im Anschluss einen Auftrag nicht erledigen können. Dieses Gefühl ist sehr unangenehm und daher wollen Sie es so gut es geht vermeiden. Sie strengen sich an, arbeiten vielleicht sogar ein paar

Stunden zusätzlich und stellen so unter Beweis, dass Ihr Chef oder Ihre Kollegen Sie zu Recht hochgepriesen haben.

So ein berechnendes Lob ist sehr schnell ausgesprochen und hat eine enorm starke Wirkung. Egal wie Sie es drehen und wenden, Sie scheinen in der Situation gefangen zu sein und nur einen Ausweg zu haben: der Bitte zu folgen. Selbst wenn Sie den Kollegen eigentlich nicht leiden können oder Sie selbst zu viel Arbeit haben, nehmen Sie den zusätzlichen Auftrag an und lassen sich manipulieren. Davor sollten Sie sich in Zukunft allerdings schützen, denn egal, wie gut sich ein Lob anfühlt, nicht immer ist es ernst gemeint und oftmals setzt es Sie nur zusätzlich unter Stress. Der Erwartungsdruck kann dazu führen, dass Sie auf längere Sicht den Spaß an Ihrer Arbeit verlieren und Sie nur noch das Gefühl haben, sich anderen beweisen zu müssen. Nutzen Sie daher die kommenden Übungen und Hilfestellungen, um sich vor Manipulationen zu schützen, bevor sie Ihren Alltag und Ihre psychische Gesundheit beeinträchtigen.

Schutz vor Manipulation im Beruf

Inzwischen wissen Sie viel über Manipulationen und es sollte Ihnen deutlich besser gelingen, im Alltag frühzeitig zu erkennen, wann Sie von Kollegen, Ihrem Arbeitgeber oder anderen Personen manipuliert werden, um nicht mehr auf die Manipulation hereinzufallen. Nun soll es in diesem Kapitel noch um einen sehr wichtigen Schritt gehen: Wie schützen Sie sich eigentlich vor Manipulationen?

Es ist schon ein großer Schritt, wenn Sie die Manipulationen erkennen können, doch ist damit der essenzielle Schritt hin zur Besserung noch nicht getan. Zum Glück ist das Erkennen aber meist der schwierigere Punkt und Sie können sich fast entspannt zurücklehnen, während Sie sich nebenbei vor den Tricks schützen. Dafür gibt es viele verschiedene Möglichkeiten und Sie können die herausfinden, die für Sie am besten funktionieren. Probieren Sie die angeführten Beispiele der Reihe nach aus, um sich schließlich für die Übungen zu entscheiden, die Ihnen am leichtesten fallen. Womöglich ist eine Übung dabei, die Sie fest in Ihren Alltag integrieren können, und vor allem, wenn es darum geht, Ziele zu formulieren oder die eigenen Gefühle selbstbestimmt zu leiten, können Sie auch in anderen Lebenssituationen profitieren.

1. Ziele formulieren

   Dieses erste Beispiel hilft Ihnen in allen Lebenslagen und dient nicht nur dazu, Manipulationen zu vermeiden. Wenn Sie Ihre Ziele kennen, können Sie diese natürlich viel besser verfolgen und es schaffen, ein glücklicheres, selbstbestimmtes Leben zu führen. Solange Sie sich nicht selbst für Ihre Ziele einsetzen, können Sie nicht erwarten, dass andere Ihre Ziele berücksichtigen. Natürlich können Sie sich darüber ärgern, wenn Sie manipuliert wurden oder Sie sich am Ende des Tages denken, dass Sie eigentlich etwas anderes machen wollten, doch dafür ist es nun zu spät. Stattdessen sollten Sie das nächste Mal frühzeitig darauf achten, was Sie tatsächlich wollen, und diese Ziele klar formulieren.

Nun ist das allerdings leichter gesagt als getan. Sie sind es vielleicht schon gewohnt, Ihre Bedürfnisse für die Allgemeinheit zurückzustecken, weshalb Sie erst noch etwas Übung brauchen, um die eigenen Ziele und Wünsche zu erkennen. In den kommenden Zeilen werde Sie dazu ein paar unterschiedliche Möglichkeiten erfahren und vielleicht ist eine passende Übung für Sie dabei. Es gibt sehr viele Wege, sich auf die Suche nach den eigenen Zielen zu machen, doch das Ergebnis ist immer dasselbe: Sobald Sie Ihre Ziele erst einmal erkannt haben, können Sie sich diese in vielen Lebenslagen zunutze machen, um sich gegen Manipulationen zu wehren und psychisch stärker zu werden.

Eine sehr beliebte Möglichkeit, um Ihre Ziele ausfindig zu machen, ist es, dass Sie überlegen, wo Sie sich **in einer Woche, in einem Monat und in einem halben Jahr** sehen. Sie bekommen dadurch ein Gefühl dafür, wie wichtig die verschiedenen

Ziele tatsächlich für Sie sind, und können besser zwischen eigenen Zielen und aufgedrängten Zielen unterscheiden. Diese Übung hilft Ihnen außerdem, einen groben Überblick zu bekommen, damit Sie anschließend mit mehr Struktur an die nächsten Übungen herangehen können. Schnappen Sie sich also gleich einmal einen Zettel und einen Stift, um die ersten Punkte aufzuschreiben, die Ihnen einfallen. Arbeiten Sie am besten wirklich einen Schritt nach dem anderen ab, damit Sie bei den Zeiteinheiten nicht durcheinander kommen. Sie können auf diese Weise erkennen, welche kurzfristigen Ziele mit langfristigen Bedürfnissen korrelieren und an welcher Stelle es sinnvoll wäre, noch einmal genauer über die Zielsetzung nachzudenken. Wenn Sie zum Beispiel in den nächsten Wochen weniger arbeiten wollen, sollte Ihnen klar sein, dass dieses kurzfristige Ziel nicht gut zu dem langfristigen Ziel einer Beförderung in einem halben Jahr passt. Haben Sie diesen „Konflikt" erkannt, können Sie aber frühzeitig intervenieren, um Ihr langfristiges Ziel zu erreichen.

Auf den ersten Blick sieht diese Übung nach viel Arbeit aus und es wirkt vielleicht wenig praxisorientiert für Sie, doch sicherlich können Sie selbst bestätigen, dass es mit einem Ziel vor Augen viel leichter ist, effektiv zu arbeiten. Noch dazu lernen Sie sich durch diese Übung besser kennen und schärfen Ihren Blick für Ihre eigenen Bedürfnisse. Zwar können Sie sich so nicht direkt vor Manipulationen schützen, doch ist dieser Schritt ein wichtiger Grundpfeiler für die kommenden Übungen.

Neben dieser etwas zeitaufwändigeren Übung können Sie sich jeden Tag eine kleine **To-do-Liste** schreiben. Dafür ist es aber sinnvoll, dass Sie auch Ihre größeren Ziele im Blick behalten, sonst könnte ein kurzfristiger Punkt dazu führen, dass Sie sich weiter von den größeren Zielen entfernen. Wenn Sie Ihre To-do-Liste schreiben, sollten Sie also die Ergebnisse aus der ersten Übung unbedingt im Hinterkopf haben. Vergessen Sie nicht, was Sie in einem Monat oder in einem halben Jahr erreichen wollen, sondern bauen Sie Ihre täglichen Ziele genau auf dieser Basis auf. Über den Tag verteilt können Sie diese Liste nun immer wieder zur Hand nehmen und überlegen, welche Punkte Sie schon abhaken können und woran Sie noch arbeiten müssen. Gehen Sie sicher, dass Sie nicht nur Ziele wie einkaufen gehen, eine E-Mail an den Chef schreiben, mit Ihrer Mutter telefonieren oder kochen aufschreiben. Notieren Sie sich präventiv gleich den ein oder anderen Punkt, der Sie vor Manipulationen schützen kann. „Meine eigene Arbeit erledigen. Pünktlich den Arbeitsplatz verlassen. Nicht von Kollegen überreden lassen, ihre Aufträge zu erledigen." Solche Punkte können Ihren Sinn dafür schärfen, wann Sie manipuliert werden, und Ihnen helfen, nicht immer wieder in die gleichen Fallen zu tappen. Schreiben Sie sich sozusagen eine kleine Not-to-do-Liste, indem Sie überlegen, was Sie heute auf keinen Fall machen wollen. Ihre Liste muss nicht lang sein und es reicht schon, wenn Sie sich beim Frühstück kurz ein paar Notizen machen, doch sollten Sie sich diese Punkte wirklich gewissenhaft überlegen. Es kostet nicht viel Zeit, eine kleine To-do-Liste zu erstellen, doch kann Sie Ihnen enorm helfen, um im Alltag nicht immer wieder auf Manipulationen hereinzufallen.

Nachdem Sie nun zwei Übungen kennengelernt haben, um Ihre kurz- und langfristigen Ziele zu finden, soll es in den nächsten Zeilen noch darum gehen, wie Sie **Ihre Ziele anderen deutlich machen** können. Wahrscheinlich wollen Sie nicht als egoistischer Kollege abgestempelt werden, der immer nur seine eigenen Bedürfnisse im Blick hat, doch darum geht es hier nicht. Stattdessen sollen Sie durch die Bewusstmachung der eigenen Ziele lernen, wie Sie sich vor Manipulation schützen können und wie es Ihnen gelingt, glücklicher zu werden. Solange Sie Ihre eigenen Ziele nicht klar vertreten, wird kein anderer Ihre Grenzen einhalten und Ihre Kollegen werden es vermutlich immer wieder ausnutzen, indem sie Sie manipulieren. Fangen Sie also gleich heute damit an, klar zu formulieren, was Sie denken und – fast noch wichtiger – was Sie wollen.

„Gerne würde ich dir heute unter die Arme greifen, aber ich habe mir heute fest vorgenommen, pünktlich zu gehen, damit ich mal wieder Zeit für mich habe." Ein solcher Satz zeigt, dass Sie nicht von Grund auf abgeneigt sind, hilfsbereit zu sein, sondern nur der aktuelle Zeitpunkt ungünstig ist. Sie verdeutlichen so, dass Sie eigene Bedürfnisse haben und es nicht geht, dass jeder immer mit seinen Aufträgen zu Ihnen kommt.

„Du weißt, dass ich dir die letzten Male wirklich immer geholfen habe, aber langsam muss ich mich um meine eigene Arbeit kümmern und du musst lernen, selbstständig zu arbeiten." Auch eine solche Formulierung kann Ihnen helfen, Manipulationen abzublocken, und Sie machen sich die Schuldgefühle Ihres Gegenübers gleich selbst zunutze. Indem Sie daran appellieren, dass Sie Ihrem Kollegen schon sehr oft geholfen haben, erinnern Sie ihn daran, dass es vielleicht einmal Zeit dafür ist, den Spieß umzudrehen. Keiner soll sagen können, dass Sie nicht hilfsbereit sind, doch ist es in manchen Situationen einfach notwendig, die eigenen Bedürfnisse zu beachten.

Wenn Sie schon im Voraus wissen, dass heute ein schwieriges Gespräch auf Sie zukommt oder ein Kollege wieder versuchen wird, Sie zu manipulieren, können Sie sich solche Formulierungen schon einmal zurechtlegen. Je besser Sie auf Manipulationen vorbereitet sind, desto schneller und effektiver können Sie sich gegen diese wehren. Es ist nicht nötig, dass Sie das Gespräch von vorne bis hinten durchstrukturieren, doch helfen Ihnen ein paar Notizen, um nicht bei der ersten Manipulation direkt wieder einzuknicken.

2. Schuldgefühle vermeiden
    Ihre eigenen Ziele zu formulieren ist noch eine sehr dankbare Übung, schließlich können Sie sich hierbei von einem Punkt zum nächsten hangeln und Ihre eigenen Gefühle sagen Ihnen meist sehr deutlich, was Sie wollen und was nicht. Dahingegen braucht dieser zweite Schritt vermutlich mehr Zeit und Geduld, um tatsächlich zu wirken, denn es ist nicht leicht, die eigenen Schuldgefühle abzustellen. Gefühle kommen oft ganz automatisch, ohne dass Sie wirklich die Chance haben, sich darauf vorzubereiten und sich zur Wehr zu setzen. Schuldgefühle klopfen nicht erst an und fragen, ob es gerade passt, sondern sie sind plötzlich da, um Sie in Ihrem Alltag zu beeinflussen. Nun ist es zum Glück aber trotzdem nicht aussichtslos, sich vor diesen Gefühlen zu schützen, denn wenn Sie

ausreichend Geduld und Motivation mit sich bringen, werden Sie in ein paar Tagen oder Wochen die ersten Erfolge sehen.

Dafür kann es durchaus sinnvoll sein, sich zu Beginn der Übung für ein paar Tage zu beobachten. Notieren Sie sich jeden Moment, in dem Schuldgefühle auftauchen, damit Sie sich im Nachhinein überlegen können, warum diese Gefühle Sie beschäftigen. Haben Sie sich tatsächlich etwas zu Schulden kommen lassen oder ist das alles nur ein Trick von Ihrem Gesprächspartner?

„Wolltest Du mir nicht eigentlich bei meinem Auftrag helfen?" ist ein beliebter Satz, den man im Büro immer wieder hört. Vermutlich bekommen Sie direkt Schuldgefühle, sobald ein Kollege mit einer solchen Aussage bei Ihnen in der Tür steht. Sie erinnern sich daran, dass Sie vor ein paar Tagen über den angesprochenen Auftrag geredet haben und Ihr Kollege Sie um Hilfe gebeten hat. Das heißt aber nicht automatisch, dass Ihre Schuldgefühle tatsächlich begründet sind. Wenn Sie ihm damals versprochen haben, dass Sie sich den Auftrag einmal anschauen, um ihm etwas unter die Arme zu greifen, dann hat Ihr Kollege natürlich recht mit der Aussage und es ist berechtigt, dass Sie ein schlechtes Gewissen haben. Wenn Sie ihm damals allerdings gesagt haben, dass Sie aktuell selbst viel zu tun haben und Sie noch nicht wissen, ob Sie es zeitlich schaffen, dann ist es auf keinen Fall nötig, ein schlechtes Gewissen zu haben. Ganz im Gegenteil, eigentlich sollte Ihr Kollege sich schämen, dass er mit einer solchen Aussage zu Ihnen kommt, schließlich haben Sie Ihm zu keinem Zeitpunkt fest zugesagt und er müsste wissen, dass Sie im Moment selbst sehr viel zu tun haben.

Dieses Beispiel lässt sich auf sehr viele unterschiedliche Situationen übertragen. Aus diesem Grund ist es auch wichtig, dass Sie zwischen berechtigten und aufgedrängten Schuldgefühlen unterscheiden können. Sobald Sie merken, dass Sie ein schlechtes Gewissen haben, sollten Sie kurz innehalten und überlegen, woher dieses Gefühl kommt. Versuchen Sie, nicht direkt auf dieses Gefühl einzugehen, sondern erlauben Sie es sich, erst einmal herauszufinden, wie berechtigt diese Gefühle sind. Sobald Sie merken, dass es eigentlich keinen Grund dafür gibt, ein schlechtes Gewissen zu haben, sollten Sie die Bremse ziehen und Ihrem Kollegen, Ihrem Chef oder anderen Mitmenschen klar mitteilen, dass sie scheinbar etwas falsch verstanden haben. Für das eben angeführte Beispiel würde das bedeuten, dass Sie Ihrem Kollegen erklären, dass Sie noch nicht wussten, wie weit Sie mit Ihren eigenen Aufträgen kommen. Sie haben ihm auf keinen Fall fest zugesagt und vielmehr ist er es, der will, dass Sie ihn bei seinem Auftrag unterstützen. Rufen Sie sich in Erinnerung, dass Sie keinerlei Verpflichtungen ihm gegenüber haben und Sie eigene Ziele haben, die Sie verfolgen wollen. An dieser Stelle lohnt es sich, wenn Sie sich noch einmal kurz an Ihre Bedürfnisse und Ziele erinnern, die Sie sich bei der ersten Übung aufgeschrieben haben. Lassen Sie sich nicht über den Tisch ziehen, sondern lernen Sie, sich gegen solche Schuldgefühle zu wehren.

Ein weiterer wichtiger Punkt, um sich von einem schlechten Gewissen zu befreien, ist die Akzeptanz. Womöglich kennen Sie das Gefühl, es jedem recht machen zu wollen, sodass Ihre eigenen Interessen auf der Strecke bleiben. Sie ignorieren Ihre eigenen Bedürfnisse und sind nur darauf bedacht, die Ziele von allen anderen zu erreichen. Damit sollten Sie unbedingt aufhören, schließlich ist es keinesfalls Ihre Aufgabe, für alle anderen zu arbeiten. Sie müssen lernen zu akzeptieren, dass jeder für sein eigenes Wohl verantwortlich ist. Natürlich können Sie Ihren Kollegen immer mal wieder helfen oder Ihrem Chef mit einem Gefallen entgegenkommen, doch sollten Sie dabei nicht vergessen, dass auch Sie wichtige Bedürfnisse haben. Sie können nicht allen helfen und es ist nicht Ihre Aufgabe, dass alle glücklich sind. Machen Sie sich bewusst, dass es keinen Sinn hat, selbst unglücklich zu sein, nur weil andere es nicht schaffen, ihren Alltag oder ihre Arbeit auf die Reihe zu bekommen. Distanzieren Sie sich von diesen Schuldgefühlen und fokussieren Sie sich stattdessen lieber darauf, was Sie tatsächlich erreichen können und wollen. Solange Sie sich nicht um Ihre eigenen Bedürfnisse und Ihr eigenes Wohlergehen kümmern, wird es kein anderer machen. Erkennen Sie, dass Sie nicht die Schuld für die Probleme anderer tragen, und akzeptieren Sie, dass nicht jeder mit dem glücklich ist, was er zur Verfügung hat. Je klarer Sie diese Wahrheit sehen, desto leichter fällt es Ihnen, sich von Schuldgefühlen zu lösen und sich vor Manipulationen zu schützen. Es ist nicht Ihre Aufgabe, alle in Ihrem Umfeld glücklich zu machen. An diesen Satz sollten Sie sich immer wieder erinnern.

3. Nicht immer Ja sagen

Sicherlich wollen Sie bei Ihren Kollegen nicht schlecht dastehen und gerne würden Sie es schaffen, jedem hilfreich entgegenzukommen. Sie lehnen es nur ungern ab, Aufträge von überforderten Kollegen zu übernehmen oder Überstunden zu machen, weil Ihr Chef noch Hilfe braucht, doch vergessen Sie dabei selbst nur zu oft, auf die eigenen Bedürfnisse zu achten.

Es ist zweifellos eine tolle Eigenschaft, wenn Sie nicht nur auf Ihre eigenen Ziele achten und anderen helfen, doch sollten Sie, um langfristig glücklich zu werden, lernen, nicht immer gleich Ja zu sagen. Bestimmt braucht dieses Umdenken Zeit und vor allem, wenn Sie in der Vergangenheit kaum auf Ihre eigenen Bedürfnisse gehört haben, scheint es sehr schwierig zu sein, damit anzufangen. Wenn Sie aber erkannt haben, dass Ihnen die Manipulationen nicht guttun und es wichtig ist, mehr auf die eigenen Ziele und Bedürfnisse zu achten, fällt Ihnen der erste Schritt schon etwas leichter.

Mit der aktuellen Situation sind Sie scheinbar nicht zufrieden, schließlich hätten Sie sich sonst nicht dieses Buch gekauft und versucht, etwas über Manipulationen und hilfreiche Gegenstrategien zu lernen. Nun müssen Sie sich aber bewusst machen, dass sich die Situation nicht allein dadurch verändert, dass Sie ein Buch lesen und Ihr Wissen auf den neusten Stand bringen. Das ist nur ein kleiner Anteil von dem, was für eine tatsächliche Veränderung nötig ist. Viel wichtiger ist es, dass Sie nach dem theoretischen Verstehen versuchen, alles in die Praxis umzusetzen. Sie können sich noch so oft vornehmen, weniger Ja zu sagen und mehr auf die eigenen Gefühle zu achten, doch müssen Sie irgendwann den ersten Schritt gehen, damit sich etwas verändert.

Hierbei ist es sinnvoll, nicht mit den großen Dingen anzufangen, sondern sich zuerst auf Kleinigkeiten im Alltag zu konzentrieren. Wer bringt den Müll raus? Wer putzt das Bad? Wer geht einkaufen? Egal, um welche alltäglichen Dinge es geht, fangen Sie am besten bei diesen kleinen Punkten an, nicht mehr immer Ja zu sagen. Sie müssen nicht alle Aufgaben erledigen und es ist in Ordnung, wenn Sie Nein sagen und Ihre Grenzen markieren. Solange Sie noch dazu neigen, einfach alles zu akzeptieren, wird es Ihren Gesprächspartnern schwerfallen, Ihre Grenzen zu akzeptieren.

Versetzen Sie sich für ein besseres Verständnis doch einmal kurz in die umgekehrte Lage. Stellen Sie sich vor, dass Sie einen Kollegen haben, zu dem Sie mit jedem Problem kommen können. Egal, welche Aufgabe Ihnen zu anstrengend, zu schwierig oder zu viel ist, Sie wissen genau, dass er Ihnen Hilfe anbietet und Sie unterstützt. Inzwischen machen Sie sich das immer wieder zunutze und sobald Sie merken, dass Ihnen ein Auftrag nicht so viel Spaß macht, klopfen Sie an seiner Tür, um nach Unterstützung zu fragen. Mit den Worten „Kein Problem, ich helfe dir gerne!" nimmt er den Auftrag direkt an und Sie gehen erleichtert wieder zurück in Ihr Büro. Was Sie allerdings nicht wissen ist, dass es Ihrem Kollegen eigentlich viel zu viel wird. Gerne würde er einmal sagen, dass er gerade keine Zeit hat, Ihnen zu helfen, doch weiß er einfach nicht, wie er das anstellen soll. Sie dagegen haben das Gefühl, dass es ihm nichts ausmacht, die Aufträge zu übernehmen und Sie erkennen nicht, dass Sie jedes Mal aufs Neue seine Grenzen überschreiten.

Dieses Beispiel hat Ihnen hoffentlich gezeigt, wie wichtig es ist, die eigenen Grenzen zu markieren. Es ist keinesfalls ein Zeichen von Egoismus oder Schwäche, wenn Sie einmal Nein sagen, vielmehr zeigen Sie dadurch, dass Sie eigene Bedürfnisse haben, die Ihnen wichtig sind. Auf den ersten Blick wirkt es vielleicht so, dass alle nur glücklich werden können, wenn Sie weiterhin immer nur Ja sagen und Sie sich von Ihren Kollegen manipulieren lassen, doch sollte Ihnen bewusst sein, dass vielleicht genau das Gegenteil der Fall ist. Indem Sie Ihre Hilfe ab und zu nicht anbieten, lernen Ihre Kollegen oder Ihr Chef, dass sie selbst eine Lösung für die eigenen Probleme finden müssen. Nicht alles lässt sich auslagern und manchmal sind sie an dem Punkt angekommen, ihre eigenen Verhaltensweisen ändern zu müssen. Natürlich ist es für sie um einiges bequemer, ihre Probleme weiterhin auf Sie abzuwälzen, doch hilft dieses Verhalten niemandem langfristig.

Nachdem Sie es schon geschafft haben, bei Kleinigkeiten öfter auf die Bremse zu treten, soll es zum Schluss dieses Abschnitts darum gehen, wie Sie bei wichtigeren Dingen Nein sagen können. Der erste Schritt in die richtige Richtung ist auch hier wieder die Akzeptanz. Wie bereits im vorherigen Abschnitt beschrieben, müssen Sie lernen, dass Sie nicht alle Aufgaben erledigen können. Natürlich wäre es schön, wenn Sie die Probleme von allen anderen lösen könnten, doch sind Sie auch nur ein Mensch. Sie haben selbst Stärken und Schwächen und um richtig funktionieren zu können, brauchen Sie selbst manchmal eine Pause und die Möglichkeit, sich zurückziehen zu können. Solange Sie weiterhin Vollgas geben, ist es eigentlich vorprogrammiert, dass Sie früher oder später einen Unfall haben und womöglich eine lange Zeit komplett ausfallen. Schalten Sie stattdessen also lieber schon jetzt einen Gang runter und akzeptieren Sie, dass Sie nicht die Lösung für jedes Problem haben. Durch das ständige Jasagen nehmen Sie immer wieder Aufgaben auf sich, denen Sie eigentlich nicht gewachsen sind. Während Sie versuchen, die Aufgaben trotzdem möglichst gut zu erledigen, steigt Ihr Stresslevel. Dieses

Verhalten ist jedoch weder für Sie noch für den Auftrag wirklich gut und viel sinnvoller wäre es, wenn Sie von Anfang an akzeptieren, dass Sie nicht alles schaffen können. Nutzen Sie diese Akzeptanz, um sich von dem Zwang zu befreien, immer Ja sagen zu müssen. Trauen Sie sich zu sagen, dass heute jeder seine Probleme selbst in den Griff bekommen muss und Sie nicht „der Depp vom Dienst sind", der alle größeren und kleineren Probleme zu lösen versucht.

Ebenfalls wichtig für diesen Schritt ist es, dass Sie sich ausreichend Zeit zum Antworten einräumen. Wenn ein Kollege mit der Bitte in der Tür steht, dass Sie einen seiner Aufträge übernehmen sollen, oder wenn der Chef Sie mal wieder bittet, Überstunden zu machen, sollten Sie sich einen Moment Zeit nehmen, bevor Sie antworten. Ein Ja geht einem schnell über die Lippen, doch ist es das, was Sie wirklich wollten? Haben Sie einfach direkt zugestimmt, weil Sie keine Konflikte eingehen oder nicht länger aufgehalten werden wollten? Selbst wenn Ihr Bauchgefühl Ihnen vielleicht schon von Anfang an gesagt hat, dass ein Nein die bessere Entscheidung ist, sagen Sie ja, um möglichst schnell aus der Situation herauszukommen. In Zukunft sollten Sie sich dieses Verhalten abgewöhnen und stattdessen darum bitten, kurz überlegen zu dürfen. Das muss nicht heißen, dass Sie tatsächlich ablehnen, doch gibt es Ihnen den Raum, über die Frage nachzudenken und bewusster zu entscheiden. Haben Sie aktuell die Kapazität, über Ihre eigene Arbeit hinaus Aufträge zu erledigen? Ist es für Sie in Ordnung, wenn Sie heute Überstunden machen? Fühlen Sie sich wohl mit der Entscheidung? All das sind Fragen, die Sie unbedingt bei Ihrer Entscheidungsfindung beachten sollten, und oftmals reichen schon fünf Minuten aus, um zu einer überlegteren und gesünderen Antwort zu kommen.

Lassen Sie sich nicht über den Tisch ziehen oder unter Druck setzen, sondern hören Sie auf Ihr eigenes Bauchgefühl. Nehmen Sie sich Zeit, um über die Frage nachzudenken, und versuchen Sie so, Manipulationen zu enttarnen. Sie haben das Recht, auf Ihre eigenen Bedürfnisse zu achten, und nur, wenn Sie immer wieder einen kleinen Schritt zurück gehen, können Sie in Zukunft wieder mit voller Energie nach vorne starten.

4. Die Meinung anderer nicht zu ernst nehmen
Ein weiterer Punkt, der in diesem Kapitel zur Sprache kommen soll, ist die Meinung anderer. Wer kennt das Dilemma nicht: Eigentlich wissen Sie ganz genau, was Sie wollen, doch haben Sie Angst, welchen Eindruck Ihre Entscheidung bei anderen hinterlassen könnte. Gerne würden Sie heute pünktlich nach Hause fahren, doch wollen Sie nicht, dass Ihr Chef denkt, dass Sie faul sind oder Sie keine Lust zu arbeiten haben. Statt sich darauf zu konzentrieren, was Sie selbst brauchen und wollen, sind Sie – wie übrigens die allermeisten Menschen – viel zu sehr darauf fokussiert, was wohl über Sie gedacht oder geredet wird. Sie könnten es in vielen Bereichen viel einfacher haben, wenn Ihnen die Meinung anderer nicht so wichtig wäre. Entscheidungen, die eigentlich nur Sie persönlich betreffen, sind inzwischen gar nicht mehr so einfach zu treffen, schließlich könnte sich durch einen Fehltritt gleich alles verändern. So oder so ähnlich denken Sie zumindest. Sie wollen es allen recht machen, Sie wollen in einem möglichst guten Licht dastehen und Sie genießen das Gefühl, wenn Kollegen Sie nach

Hilfe fragen, da es Ihnen zeigt, dass Sie kompetent sind und Ihre Arbeit gut machen.

Wenn Ihr Chef Sie zum Beispiel fragt, ob Sie an Ihrem freien Tag zur Arbeit kommen können, ruft Ihr Bauchgefühl vermutlich direkt Nein. Vielleicht haben Sie schon etwas geplant oder Sie wollen endlich mal wieder ein bisschen Zeit für sich haben. Statt nun aber bei diesem Nein zu bleiben und Ihrem Chef abzusagen, überlegen Sie sich, welche Auswirkung dieses Verhalten haben könnte. „Eigentlich habe ich keine Lust zu kommen, aber was werden meine Kollegen denken? Wenn ich sie mit der ganzen Arbeit allein lasse, sind sie sauer auf mich und solange ich keine richtige Begründung habe, um freizumachen, werden Sie mein Verhalten nicht verstehen. Außerdem wird mein Chef das Gefühl haben, dass er sich nicht auf mich verlassen kann. Wenn ich einen guten Eindruck hinterlassen will und ich in Zukunft weiterhin bei wichtigen Gesprächen mit einbezogen werden will, ist es besser, trotzdem zur Arbeit zu kommen." Womöglich spielt sich in Ihrem Kopf in solchen Situationen ein ganz ähnlicher Gedankengang ab. Obwohl Sie eigentlich Nein sagen wollten, hat die Aussicht darauf, was andere über Sie denken könnten, dazu geführt, dass Sie sich umentschieden haben. In vielen Bereichen ist eine solche Abwägung nicht schlecht, doch sollten Sie sich immer wieder überlegen, wie sehr Sie sich davon beeinflussen lassen wollen.

Wenn Ihre Kollegen schlecht über Sie reden, nur weil Sie sich ausnahmsweise einmal für Ihre eigenen Bedürfnisse entschieden haben, dann ist das deren Problem. Sie können es in Ihrem Leben nie allen recht machen und daher ist es in vielen Situationen durchaus berechtigt, wenn Sie Ihre eigenen

Bedürfnisse vor die der anderen stellen. Überlegen Sie sich immer, ob Ihr Gegenüber Ihnen einen ähnlichen Gefallen tun würde. Können Sie davon ausgehen, dass Sie mit ähnlichen Problemen zu Ihren Kollegen oder Ihrem Chef gehen können? Sind Sie sich sicher, dass Sie einmal freimachen können, wenn Sie Zeit brauchen? Versuchen Sie, nicht immer die eigenen Bedürfnisse über Bord zu werfen, während sich sonst kein anderer so in die Riemen legt wie Sie. Das Leben besteht aus einem ständigen Wechsel aus Geben und Nehmen und wenn Sie selbst immer wieder zu viel geben, wird es Ihnen irgendwann nicht mehr so gut gehen, wie es Ihnen heute vielleicht noch geht.

Die Meinung anderer ist wichtig, doch ist diese Meinung keinesfalls etwas, auf das Sie sich verlassen können. Schon ein kleiner Fehler oder ein anderes Verhalten kann dazu führen, dass sich diese Meinung im Handumdrehen ändert. Lassen Sie sich daher nicht von etwas lenken, über das Sie so wenig Kontrolle haben. Versuchen Sie stattdessen lieber, sich auf Ihr eigenes Wohlergehen zu konzentrieren und es mit den Bedürfnissen der anderen in Einklang zu bringen. In Ihrem Leben ist Ihre Gesundheit das Wichtigste, was Sie haben, und einen guten Eindruck auf andere zu machen kann Ihre Gesundheit nicht ersetzen.

Merken Sie sich also, dass Sie Manipulationen durchaus umgehen können und Sie viele verschiedene Tricks anwenden können, um Ihre eigenen Bedürfnisse nicht aus den Augen zu verlieren. Erinnern Sie sich im Alltag immer wieder daran, dass Sie es wert sind, dass Sie sich um sich selbst kümmern. Lassen Sie sich nicht von der Meinung anderer oder dem

Bedürfnis, alle Probleme zu lösen, überrumpeln und denken Sie daran, dass Sie das Recht haben, Hilfe anzunehmen und eigene Hilfestellungen zu pausieren. Üben Sie Schritt für Schritt, kleinen und großen Manipulationen aus dem Weg zu gehen, und lernen Sie in den nächsten Kapiteln, wie Sie sich Manipulationen selbst zunutze machen können und wie entscheidend Ihre Gesprächsführung für Ihren Erfolg sein kann.

5. Auf typische Muster achten

Zuletzt will ich Ihnen auf den kommenden Seiten einige Punkte näherbringen, die vor allem für die Manipulation im beruflichen Alltag typisch sind. Zwar helfen die bislang angeführten Beispiele auch bei der Arbeit, doch kann es in einigen Situationen durchaus sinnvoll sein, noch spezifischer gegen die Manipulation vorzugehen.

Ihre Meinung spielt eine wichtige Rolle, doch sind Sie sich sicher, dass Sie wirklich immer selbst entscheiden? Kommt es nicht viel öfter vor, dass Sie von Kollegen überredet werden, Sie nicht gegen den Strom schwimmen wollen oder Sie Angst vor Konsequenzen haben? Wenn Sie wissen wollen, ob Sie manipuliert werden, sollten Sie sich daher die folgenden Fragen immer wieder stellen. So können Sie Manipulationen frühzeitig erkennen und sich effektiv dagegen wehren. Dies bedeutet nicht automatisch, dass die Entscheidung falsch war und Sie sich umentscheiden sollten, aber Sie sollten Ihren Blick für solche Momente schärfen.

Stellen Sie sich vor, Sie arbeiten in einer kleinen Arbeitsgruppe zusammen und es geht darum, wer die Ergebnisse in einem Plenum vorstellt. Von Anfang an war klar, dass keiner wirklich Lust darauf hat, und viele Ihrer Kollegen werfen gleich Argumente wie „Ich war das letzte Mal dran.", „Du kannst das doch so gut, willst Du Dich nicht darum kümmern?" oder „Ich habe vor Präsentationen immer totale Angst und ich wäre wirklich dankbar, wenn ich es nicht machen müsste." in den Ring. Schlussendlich kommt es dazu, dass Sie sich mehr oder weniger freiwillig melden, bevor Ihnen die Manipulation überhaupt auffällt.

Habe ich die Entscheidung allein getroffen?

Unterliege ich bei meiner Entscheidung einem Druck von außen?

Beeinflusst mich die Meinung einer bestimmten Person immer besonders stark?

Habe ich Angst, jemanden mit meiner Entscheidung zu enttäuschen?

Drohen mir Konsequenzen, wenn meine Meinung anders ausfällt?

Wie bereits in einem anderen Abschnitt angesprochen, ist es vollkommen legitim, wenn Sie sich zum Beantworten wichtiger Fragen etwas Zeit nehmen. Bevor Sie tatsächlich zu- oder absagen, sollten Sie sich mit den angeführten Fragen auseinandersetzen. Je öfter Sie sich diese Fragen beantworten, desto schneller werden Sie hinter eine Manipulation kommen und desto besser können Sie sich davor schützen. Hören Sie am besten immer auch auf Ihr

Bauchgefühl, welches Sie gleich zu Beginn meist in die richtige Richtung lenkt.

Ein weiteres, sehr beliebtes Beispiel ist die Manipulation durch Vergleiche: Immer wieder fallen Sätze wie „Aber die anderen machen auch …", „Im Vergleich zu Ihren Kollegen machen Sie deutlich weniger Überstunden." oder „Nehmen Sie sich doch ein Beispiel an Ihren Kollegen.". Solche Sätze lassen Sie nicht unberührt und während Sie gerne als positiver Vergleich herangezogen werden, hören Sie einen negativen Vergleich nur ungern. Sowohl positive als auch negative Vergleiche zielen allerdings darauf ab, Sie zu manipulieren, und Sie sollten unbedingt versuchen, sich frühzeitig davor zu schützen.

Stellen Sie sich vor, Ihr Chef fragt Sie, ob Sie dieses Wochenende außerplanmäßig eine Schicht übernehmen können. Da er weiß, dass Sie nicht so einfach zustimmen werden, versucht er, Sie mit folgendem Satz zu überreden: „Vielleicht haben Sie am Wochenende schon etwas geplant, aber im Vergleich zu Ihren Kollegen ist mir aufgefallen, dass Sie die meisten Wochenenden in letzter Zeit freihatten. Da wäre es eigentlich nur fair, wenn auch Sie mal auf ein freies Wochenende verzichten, um das Team zu unterstützen." Diese Formulierung führt nicht nur dazu, dass Sie Schuldgefühle entwickeln, sondern hat auch zur Folge, dass Sie sich mit Ihren Kollegen vergleichen: „Stimmt das, was mein Chef sagt? Arbeite ich wirklich weniger? Ist es da nicht tatsächlich berechtigt, wenn ich dieses Wochenende einspringe?"

Solche Gedankengänge führen dazu, dass Sie sich manipulieren lassen, um das vermeintliche Ungleichgewicht wieder auszugleichen.

Davor können Sie sich allerdings schützen, indem Sie dieses Fehlverhalten direkt ansprechen. Es ist auf keinen Fall fair, Ihr Verhalten, Ihre Arbeitszeit oder Ihre Erfolge mit denen von anderen zu vergleichen. Egal, ob Sie dadurch besser oder schlechter dastehen, jeder sollte als Individuum gesehen werden. Sie haben ein ganz anderes Privatleben, eigene Aufgaben, die Sie meistern müssen, und eigene Probleme, die es zu lösen gilt. Vielleicht hat Ihr Chef recht und Sie arbeiten tatsächlich an weniger Wochenenden als die anderen, doch gibt es dafür sicherlich auch einen guten Grund.

Versuchen Sie, immer wieder daran zu appellieren, dass Sie nicht mit anderen verglichen werden wollen. Sagen Sie Ihrem Chef und auch Ihren Kollegen, dass es keinesfalls fair ist, Sie – oder andere – mit solchen Vergleichen unter Druck zu setzen. Es ist Ihr Recht, sich dagegen zu wehren, und auch, wenn es zu Beginn schwer ist, sollten Sie nicht darauf verzichten. Sobald Sie Ihre Grenzen abgesteckt haben, werden sich Ihre Kollegen oder Ihr Arbeitgeber daran erinnern und versuchen, Sie über einen fairen Weg zu überzeugen.

Zum Schluss soll es kurz noch darum gehen, dass auch Ihre Instinkte eine wichtige Rolle spielen. Wenn Sie sich gegen Manipulationen wehren wollen, hilft es in vielen Fällen, sich anfangs vollkommen auf Ihre Instinkte zu verlassen. Das erste Bauchgefühl ist meistens das Richtige, egal, was Ihnen danach noch alles erzählt wird.

Stellen Sie sich vor, ein Kollege kommt zu Ihnen ins Büro und fragt Sie, ob Sie seine Frühschicht morgen übernehmen können. „Eigentlich wollte ich morgen Ausschlafen und wieso soll gerade ich immer aushelfen?" – das sind vielleicht die ersten

Gedanken, die Ihnen durch den Kopf gehen, doch während Sie Ihrem Kollegen weiter zuhören, entscheiden Sie sich langsam dafür, ihm entgegenzukommen. Obwohl Sie eigentlich dagegen waren, hat es Ihr Gegenüber – egal mit welcher Technik – geschafft, Sie zu überreden.

Um sich vor den Manipulationen zu schützen, sollten Sie versuchen, mehr auf Ihre Instinkte zu hören. Achten Sie darauf, was Ihr erster Handlungsimpuls ist. Auf Ihre Instinkte zu hören bedeutet übrigens nicht, dass Sie niemandem mehr einen Gefallen tun. Aber Sie sollten lernen, Entscheidungen bewusst zu treffen, statt sich manipulieren zu lassen. Bei Manipulationen handeln Sie meist über Ihre eigenen Bedürfnisse hinweg, doch schaffen Sie es auf diese Weise, freier zu überlegen, was Sie wirklich wollen. Denken Sie darüber nach, warum Ihr erster Instinkt vielleicht ein Nein war. Überlegen Sie, welche Kompromisse es geben könnte, und versuchen Sie, Ihr Bauchgefühl immer an der Entscheidung teilhaben zu lassen.

Manipulation nutzen

Es bringt viele Vorteile, wenn Sie andere manipulieren können, und mit der richtigen Anwendung können Sie so einiges erreichen. Bevor Sie sich diesen Vorteilen allerdings genauer widmen, sollten Sie sich noch den Unterschied zwischen positiver und negativer Manipulation deutlich machen. Nicht hinter jeder Manipulation steht eine gute Absicht und es gibt viele, die Ihnen zwar nutzen, dafür aber anderen schaden. Die positive oder negative Bewertung hängt dabei aber ganz von der Situation ab, daher sollten Sie jedes Mal kurz eine Bilanz ziehen und mögliche negative Folgen mit den positiven abwägen. Egal, ob bewusst oder unbewusst, jeder manipuliert im Alltag immer wieder und jeder wird selbst immer wieder manipuliert. Schon wenn Sie jemand anderem einen Gefallen tun, um selbst eine Gegenleistung dafür zu erhalten, kann man von Manipulation reden und bei vielen Kleinigkeiten macht Ihnen eine Manipulation das Leben leichter.

Der wohl offensichtlichste Vorteil ist, dass Sie durch gute Manipulationen Ihre **Ziele erreichen**. Wenn es zum Beispiel mal wieder darum geht, wer den Abwasch macht, und – wie immer – niemand Lust dazu hat, können Sie der Aufgabe entgehen, indem Sie eine Gegenleistung vorschlagen. Im besten Fall sollte das etwas sein, was Ihnen Spaß macht und den anderen nicht. Vielleicht kochen Sie ja gerne und Sie bieten daher an, dass Sie das Kochen übernehmen, wenn jemand anderes den Abwasch macht. So können Sie eine Ihnen unliebsame Aufgabe vermeiden und gleichzeitig etwas machen, was Ihnen Spaß macht.

Ein weiterer positiver Effekt ist, dass Sie **im Konkurrenzkampf deutlich bessere Chancen** haben und sich leichter an die Spitze kämpfen können. Dabei geht es zwar vor allem um berufliche Erfolge, aber auch im sozialen Bereich kann es nützlich sein. Durch geschicktes Reden und das passende Platzieren Ihrer Stärken können Sie schnell einen positiven Eindruck hinterlassen und das Gefühl erwecken, dass Sie genau der Richtige sind. Bei vielen Stellen gibt es eine große Anzahl von Bewerbern, sodass es besonders wichtig ist, aus der Masse herauszustechen. Sie müssen dafür aber nicht unbedingt etwas ganz Besonderes können und spezielle Erfahrungen vorweisen, schon eine gut strukturierte Bewerbungsmappe mit genau angepassten Informationen kann ausreichen. Wenn Sie sich informiert zeigen, konkrete Ideen haben und einiges über die ausgeschriebene Stelle wissen, kann so ein Text oft mehr überzeugen, als wenn Sie mit Erfahrungen und Stärken prahlen, die für die Stelle gar nicht von Nutzen sind. Behalten Sie die Konkurrenz im Auge und nutzen Sie deren Fehler, um selbst einen Vorteil daraus zu ziehen.

Allerdings gibt es nicht nur auf dem Arbeitsmarkt einen immer größer werdenden Konkurrenzkampf, sondern auch bei Produkten und Firmen. Jeder versucht, den Markt zu erobern. Damit Ihre Produkte eine Chance haben, im großen Angebot nicht unterzugehen und besonders gut bei den Kunden anzukommen, können Sie die Käufer durch verschiedene Techniken manipulieren. Ein wichtiger Punkt ist zum Beispiel, wie und wo Sie Werbung machen und welche Personengruppe davon angesprochen wird. Mit manchen Werbungen erzielen Sie besonders viel Erfolg, wenn sie im Fernsehen während eines Films geschaltet werden, bei anderen werden die Kunden eher durch Plakate am Straßenrand erreicht. Gestaltung, Auffälligkeit und Werbeslogan spielen bei der Kaufentscheidung eine wichtige Rolle und die Werbung sollte nach mehreren Malen nicht nervig oder langweilig werden.

Sie können zunächst einen kurzen Blick auf die Konkurrenz werfen und überlegen, welche Punkte Ihnen dort positiv und negativ auffallen. Anschließend können Sie basierend auf Ihren Ergebnissen eine eigene Werbung entwerfen, die besonders überzeugend wirkt. Es kann viel einfacher sein als Sie denken, den Markt zu manipulieren, und schon die richtige Farbkombination kann dafür sorgen, dass Ihr Produkt zum Verkaufsschlager wird.

Manipulationen können Ihnen helfen, um **beruflich aufzusteigen** und in Ihrem Job bis an die Spitze zu kommen. Hierbei geht es nicht nur darum, dass Sie Ihre Kollegen im Konkurrenzkampf um den Chefsessel besiegen, sondern darum, dass Sie alle davon überzeugen, dass Sie für diese Position wirklich am besten geeignet sind. Sie sollten sich aber überlegen, ob es wirklich das ist, was Sie wollen und leisten können, bevor Sie sich an die Spitze kämpfen. Wenn Sie sich sicher sind, wird der Weg dorthin durch die Manipulationen auf jeden Fall einfacher und durch geschicktes Fokussieren und überlegte Worte können Sie das Team überzeugen, dass Sie eine gute Führungskraft abgeben würden.

Sicherlich wollen Sie aber nicht nur an die Spitze Ihres Jobs kommen, sondern immer wieder **Gehaltserhöhungen** erhalten und auch dafür können Sie Manipulationen nutzen. Oft ist es schwer, den Chef zu überzeugen, Ihnen mehr Geld für die gleiche Arbeit zu geben, und mit einfachen Argumenten kommen Sie nicht weit. Wenn Sie Ihr Gespräch von Anfang an gut planen und sich eine gute Taktik überlegen, haben Sie jedoch deutlich bessere Chancen und überzeugen Ihren Chef viel leichter. Es kann zum Beispiel helfen, wenn Sie zuerst deutlich mehr verlangen als Sie eigentlich wollen, um im Anschluss als „Kompromiss" auf Ihren tatsächlichen Gehaltswunsch zurückzugehen. Durch Ihr Entgegenkommen fühlt sich Ihr Verhandlungspartner im Zugzwang und willigt eher ein. Als weiteren Trick können Sie zuerst noch aufzählen, was Sie in den vergangenen Monaten alles geleistet haben und wie viel Profit Sie dadurch erzeugt haben, denn natürlich ist es bei einer guten Leistung einfacher, mehr Gegenleistung zu verlangen.

Es hört sich zuerst vielleicht seltsam an, wenn Sie lesen, dass Sie durch Manipulationen **beliebter werden** können, aber es stimmt tatsächlich und eigentlich ist es ganz einfach. Einerseits trägt Ihr Auftreten zu einem großen Teil dazu bei, daher ist es wichtig, dass Sie sich an bestimmte Situationen anpassen. Sie werden sich vermutlich nicht sehr beliebt machen, wenn Sie mit einem maßgeschneiderten Anzug zu einer kleinen Gartenfeier gehen und dort die ganze Zeit von Ihrem vielen Geld, Ihren tollen Reisen und Ähnlichem schwärmen. Andersherum wird es jedoch auch schwierig, wenn Sie in Jogginghose und T-Shirt zum nächsten Vorstandsmeeting gehen. Allein die richtige Anpassung kann Ihnen schon helfen, beliebter zu werden, und Sie sollten versuchen, jede Situation im Voraus richtig einzuschätzen. Zusätzlich kann es

Ihnen helfen, wenn Sie eigene Fehler offen zugeben und nicht nur auf die Fehler anderer zeigen. Dies kann dazu führen, dass Sie vor allem von Ihnen untergeordneten Mitarbeitern mehr akzeptiert werden und beliebter sind, denn ein Chef, der selbst Fehler macht und dazu steht, wirkt deutlich sympathischer als einer, der immer alles perfekt macht.

Manipulation durch NLP

Hinter der Abkürzung NLP verbirgt sich das Neurolinguistische Programmieren, ein Kommunikations- und inzwischen Manipulationsmodell, welches vor ungefähr 50 Jahren entwickelt wurde. Viele unterschiedliche Psychotherapeuten arbeiteten über einen langen Zeitraum intensiv an der Weiterentwicklung und heute wird das Modell in den unterschiedlichsten Bereichen wie Führung, Verkauf, Therapie und sogar beim Umgang mit Kindern angewendet. Das Wort selbst lässt schon darauf schließen, wie genau NLP funktioniert, und soll ausdrücken, dass durch die Sprache (linguistisch) Vorgänge im Gehirn (Neuro-) programmiert, also beeinflusst werden können. Es werden allerdings nicht nur gesprächsorientierte Ansätze verwendet, sondern auch verhaltens-, körper- und hypnoseorientierte Techniken und alle zusammen machen es möglich, das Denken, Fühlen und Verhalten zu verändern.

Zentral für das NLP ist die Annahme, dass der Mensch seine Umwelt mit allen fünf Sinnen wahrnimmt und über alle Sinne Informationen erhält. Die fünf unterschiedlichen „Kommunikationskanäle" sind also Hören, Sehen, Fühlen, Schmecken und Riechen. Bei der Forschung an dem Modell sind Psychologen außerdem noch darauf gestoßen, dass jeder Mensch bevorzugte Kanäle hat und nicht alle gleich nutzt. Vor allem der auditive und der visuelle Sinn werden bevorzugt.

Prägung

Damit das Modell funktioniert, ist es wichtig, dass Sie die Grundlagen kennen und wissen, worauf NLP aufbaut. Sie müssen sich klarmachen, dass Sie Erinnerungen und Erfahrungen ganz automatisch mit Gefühlen, Gerüchen, Geräuschen und anderen Sinneswahrnehmungen verbinden und Sie zum Beispiel nur durch ein bestimmtes Geräusch wieder an eine Situation erinnert werden können. Bestimmt kennen Sie es, wenn Sie gerade Radio hören und plötzlich ein Lied gespielt wird, welches Sie an eine besondere Situation erinnert. Vielleicht haben Sie das Lied gehört, als Sie mit Freunden unterwegs waren, in den Urlaub gefahren sind oder Ihr Abschlusszeugnis erhalten haben und jetzt ist dieses Lied für immer mit diesen Momenten verbunden. Diese Prägung findet hauptsächlich unbewusst statt und erst wenn Sie einen Geruch, ein Geräusch oder ein Gefühl erneut wahrnehmen, merken Sie, dass es mit einer Situation verknüpft wurde. Das Neurolinguistisches Programmieren wird oft dafür genutzt, Wahrnehmung und Situation bewusst miteinander zu koppeln. Dies ist nicht nur für Therapien hilfreich, sondern auch im Beruf und im Privatleben.

Ein „Schritt in die Zukunft" kann Ihnen zum Beispiel helfen, Ziele besser zu erreichen und Hürden leichter zu überwinden. Der sogenannte Future-Pace funktioniert folgendermaßen: Sie stellen sich eine Situation ganz genau vor und führen sich vor Augen, wie diese abläuft und was Sie dabei machen. Wenn es beispielsweise um ein wichtiges Bewerbungsgespräch geht, können Sie genau durchgehen, was Sie sagen wollen, wie Sie es sagen wollen und wie Sie auftreten. Sie durchleben die Situation schon einmal im Voraus und sehen alles in inneren Bildern, nehmen die Gefühle wahr und trainieren Ihr Gehirn für das tatsächliche Gespräch. So wissen Sie später trotz Aufregung noch, was Sie in welcher Situation machen wollten, und geraten nicht aus der Spur. Sie manipulieren Ihr Gehirn quasi und gaukeln ihm vor, dass es die Situation schon kennt und keinen Grund hat, Nervosität zu erzeugen.

Dieses Modell funktioniert in beide Richtungen: Ein Gefühl kann Sie nicht nur an eine bestimmte Situation erinnern, sondern eine Erinnerung kann auch ein bestimmtes Gefühl in Ihnen auslösen. Sie können es gleich einmal selbst testen und sich an eine besonders schöne Situation erinnern, in der Sie glücklich waren, gelacht haben und voller positiver Gefühle waren. Egal, wie es Ihnen gerade geht und ob Sie sich gerade ärgern oder traurig sind, wenn Sie sich die Erinnerung richtig vor Augen führen, wird das zu der Situation gehörende Gefühl wieder aufkommen. Durch diese Technik können Sie jederzeit Ihre Gefühle beeinflussen und sich so in bestimmten Situationen zum Beispiel mutig, ruhig oder selbstbewusst fühlen.

NLP-Vorannahmen

Passend zur Prägung entwickelten einige Psychologen mehrere Vorannahmen, die Sie verinnerlichen müssen, um sich selbst zum Erfolg manipulieren zu können. Mit diesen Annahmen werden Sie nicht nur gelassener im Alltag, sondern sind auch in Führungspositionen weniger streng und akzeptieren andere Meinungen, Fehler und unterschiedliche Lösungswege.

1. Die Landkarte ist nicht das Gebiet.

   Sie müssen sich klar werden, dass jeder Mensch eine andere Sichtweise hat und jeder eine Situation unterschiedlich bewertet. Selbst wenn fünf Personen genau dasselbe erleben, wird im Nachhinein jeder eine etwas andere Geschichte erzählen, weil die Wahrnehmung von vielen subjektiven Faktoren abhängig ist. Menschen sehen alle nur ein Abbild der Realität und können nur auf dieses Abbild reagieren. Es gibt also nicht nur eine Lösung und nicht nur einen perfekten Weg, sondern viele verschiedene und Sie sollten sich nicht nur auf Ihre Sichtweise konzentrieren, sondern andere Meinungen akzeptieren.

2. Es gibt kein richtig oder falsch.

   Zuerst hört es sich unglaubwürdig an, aber stellen Sie sich zum Beispiel einmal vor, mit einer kleinen Gartenschaufel ein großes Feld umzugraben. Natürlich würde sich dafür ein Traktor deutlich besser eignen, aber mit der kleinen Schaufel kommt man ebenfalls irgendwann ans Ziel. Nur weil sie nicht ideal geeignet ist und ein anderes Gerät in dieser Situation viel geeigneter wäre, heißt dies nicht, dass die Schaufel falsch ist. Unterscheiden Sie lieber zwischen passend und unpassend und versuchen Sie, Situationen und Lösungen nicht gleich zu bewerten, denn ein anderer Blickwinkel kann oft zu einem effizienteren Lösungsweg führen.

3. Hinter allem steckt eine positive Absicht.

   Auch wenn in manchen Momenten negative Nebenwirkungen überwiegen, steckt hinter jedem Verhalten eine gute Absicht und der Versuch, etwas Sinnvolles beizutragen. Vielleicht haben Sie als Kind die schönen Blumen im Garten abgeschnitten, um Ihrer Mama eine Freude zu machen und ihr einen schönen Strauß zu schenken. Doch Ihre Mutter war davon nicht begeistert, als sie bemerkte, dass die Blumen aus Ihrem Garten stammen. Ihre Absicht war damals sicherlich nicht, Ihre Mama zu ärgern und das Beet zu verunstalten, sondern Sie wollten ihr lediglich eine Freude machen. Machen Sie sich also bewusst, dass hinter jedem noch so ärgerlichen Verhalten trotzdem eine positive Absicht steckt und das eigentliche Problem in der Abwägung von Vor- und Nachteilen liegt.

4. Menschen treffen die bestmögliche Wahl.
   Zwar ist diese Wahl nicht unbedingt für alle Betroffenen die beste, doch aus der subjektiven Sicht scheint dieser Weg der richtige und sinnvollste Weg zu sein, um das Ziel zu erreichen. Das Leben besteht aus einem ständigen Abwägen von Vor- und Nachteilen und während es für Ihre Firma vielleicht gut ist, wenn Sie einige Mitarbeiter entlassen, um die Personalkosten zu reduzieren, ist Ihre Entscheidung für diese Mitarbeiter negativ und sie werden vielleicht protestieren. Auch hier ist es wieder wichtig zu verstehen, dass jede Handlung auf einer subjektiven Wahrnehmung beruht und daher jeder Mensch die Handlung anders bewertet.

5. Wenn etwas nicht funktioniert, dann planen Sie um.
   Egal, wie oft Sie gegen eine Wand laufen, die Wand wird trotzdem stehen bleiben und Sie werden jedes Mal zurückgeworfen. Sie können nicht erwarten, dass nach dem hundertsten Versuch plötzlich eine Lösung auftaucht und sich dieser Weg als passend erweist. Planen Sie lieber um und nutzen Sie Ihre Energie, um einen anderen Weg zu finden, der Sie um das

Problem herumführt. Es gibt nie nur einen Weg zum Ziel, sondern immer mehrere verschiedene. Vertrauen Sie darauf, dass es für Sie den richtigen Weg und den richtigen Zeitpunkt gibt, um ans Ziel zu kommen.

Manipulation in Gesprächen Verhandlungen

Rapport

Rapport bedeutet, dass Sie zu Ihrem Gegenüber zuerst Vertrauen aufbauen und anschließend in das inhaltliche Gespräch einsteigen. Genauer versteht man darunter eine positive Beziehung zwischen zwei oder mehr Partnern, die sich vor allem durch gegenseitiges Vertrauen, Respekt und Verständnis auszeichnet. Nachdem Sie Vertrauen aufgebaut haben, können Sie im nächsten Schritt zum Pacing übergehen, bei dem Sie Ihre Verhaltensweise, Ihre Mimik und Körpersprache und Ihre Stimme an die Gesprächspartner anpassen. Dadurch können Sie das aufgebaute Vertrauen noch weiter verstärken und für eine angenehmere Gesprächsatmosphäre sorgen, die für Verhandlungen besser geeignet ist. Wenn Sie anschließend noch die Gesprächsführung übernehmen wollen, können Sie in das Leading übergehen, was durch das vorher aufgebaute Vertrauen nicht mehr so schwierig ist.

<u>Übung:</u> Um vor einem wichtigen Gespräch diesen Verlauf von Rapport über Pacing hin zu Leading zu üben, ist es oft sinnvoll, mit einer anderen Person schon einmal ein ähnliches Gespräch zu führen und zu überlegen, wie Sie am besten Vertrauen aufbauen kön-

nen oder wie Sie am geschicktesten das Ruder übernehmen. Durch die Aufregung, die beim tatsächlichen Gespräch dazukommt, ist es meist schwer, sich erst dann eine gute Strategie zu überlegen.

Five-Step-Reframing

Erkennen – Muster identifizieren – Kontakt herstellen – Neues erstellen – Sicherstellen

In nur fünf Schritten können Sie schlechte Angewohnheiten erkennen und verändern und sich so zum Beispiel eine effektivere Gesprächstechnik antrainieren. Im ersten Schritt geht es zunächst darum, dass Sie herausfinden, was bis jetzt nicht so gut läuft und wo Sie etwas verändern wollen. Anschließend überlegen Sie, ob diesem Verhalten ein bestimmtes Muster zugrunde liegt und Sie vielleicht öfter in die gleichen Fallen tappen. Wenn Sie zum Beispiel erkennen, dass Sie bei Argumentationen immer verlieren, und anschließend bemerken, dass Ihnen das nicht nur im Job, sondern auch privat so ergeht, dann versuchen Sie im nächsten Schritt, Kontakt zu dem Problem herzustellen und herauszufinden, warum es Ihnen solche Schwierigkeiten bereitet. Wenn Sie die Ursache entdeckt haben, können Sie darüber nachdenken, welche anderen Wege vielleicht geeigneter wären. In Bezug auf das Beispiel könnte das bedeuten, dass Sie sich strukturiertere Argumente überlegen, standhafter bleiben und mit nachweisbaren Fakten überzeugen. Zum Schluss dieses Prozesses ist es wichtig, dass Sie den neuen Weg tatsächlich nutzen und sicherstellen, dass Sie schnell auf Ihn zugreifen können. Probieren Sie Ihn zuerst einmal in weniger bedeutenden Situationen aus und prüfen Sie dabei, ob er sich tatsächlich eignet oder ob er noch verbessert werden muss.

Swish-Technik

Wenn Sie sich Ihre Ziele gerne verbildlichen und es Ihnen hilft, eine genaue Vorstellung zu haben, dann ist diese Technik vielleicht genau das Richtige für Sie, um schlechte Angewohnheiten abzulegen und sich neue anzutrainieren. Bei dieser Methode stellen Sie sich zuerst das Verhalten, welches Sie ändern wollen, genau vor und überlegen, welche Punkte Sie stören und was Sie ändern wollen. Wenn Sie dieses Bild im Kopf haben, können Sie sich Ihr Ziel vorstellen, die Veränderungen planen und überlegen, wie es aussehen könnte, wenn Sie Ihr Ziel erreicht haben. Nachdem Sie beide Bilder entwickelt haben, führen Sie sich das erste noch einmal vor Augen und lassen es langsam verblassen, während Sie das zweite Bild immer deutlicher werden lassen. Diesen „Swish" können Sie immer wieder wiederholen. Sie werden im Laufe der Zeit merken, dass das alte Bild immer weiter in den Hintergrund rückt und Sie Ihrem Ziel immer näherkommen. Sie können durch diese Technik aber nicht nur die Veränderungen erkennen, sondern haben zusätzlich eine Motivation und ein klares Ziel vor Augen.

Sinne schärfen

Beim NLP geht es vor allem um die verschiedenen Sinne und die unterschiedlichen Möglichkeiten, Dinge wahrzunehmen. Viele wichtigen Aspekte bleiben Ihnen nämlich oft verborgen, weil Sie sich zu sehr auf einen Sinn konzentrieren und nicht daran denken, dass nicht nur das Hören oder Sehen wichtig ist, um eine Situation richtig einzuschätzen. Um Gespräche erfolgreich zu führen ist es wichtig, dass Sie mit allen fünf Sinnen aufmerksam teilnehmen und mit Gerüchen, Gefühlen und vielleicht sogar mit dem

Geschmack arbeiten. Vielleicht ist Ihnen schon aufgefallen, dass Sie in Geschäften eher zum Kauf verleitet werden, wenn es angenehm riecht oder eine Produktprobe tatsächlich gut schmeckt. Es kann Ihnen nicht bei überzeugenden Gesprächen helfen, für einen angenehmen Geruch zu sorgen und zum Beispiel bequeme Sitzmöglichkeiten bereitzustellen, sondern.

<u>Übung:</u> Um Ihre Sinne zu schärfen können Sie im Alltag kleine Pausen einbauen und darauf achten, was Sie gerade sehen, hören, riechen, fühlen und schmecken. Sie können sich dabei auch nur auf einen Sinn konzentrieren und beobachten, wie sich Gerüche verändern oder was Sie nach längerer Beobachtung wahrnehmen. Oft steckt der Hinweis im Detail und Kleinigkeiten können unbewusst schon zu einer anderen Entscheidung führen. Schärfen Sie also Ihre Sinne genau und trainieren Sie, wie Sie auf mehreren Ebenen gleichzeitig Situationen genau wahrnehmen können.

Meta-Modell

Bei diesem Modell geht es um die Metakommunikation und die versteckten Nachrichten, die durch Körpersprache, Mimik oder verallgemeinerte Aussagen ausgedrückt werden. Beim Sprechen lässt der Mensch gerne Informationen weg, verallgemeinert oder verzerrt sie und verändert dadurch die Bedeutung und Wirkung der Aussagen. Dabei kann es oft zu Missverständnissen kommen und die eigentliche Nachricht kommt falsch beim Empfänger an. Es ist also besonders bei entscheidenden Gesprächen sehr wichtig, auf diese Metakommunikation zu achten und bei Missverständnissen noch einmal nachzufragen.

<u>Übung:</u> Auch das Meta-Modell eignet sich sehr gut, um es im Alltag immer wieder zu üben und bei jedem Gespräch darauf zu achten, welche Nachrichten zusätzlich übermittelt werden. Sie können selbst einmal prüfen, was Sie durch Metakommunikation übermitteln und wie Sie dabei vorgehen, denn dadurch ist es oft einfacher, die Muster bei anderen zu erkennen.

Smart-Methode

Je klarer und knapper Ziele formuliert sind, desto besser können Sie sie umsetzen und im Auge behalten. Daher sollten Sie, wenn Sie ein Ziel vor Augen haben, sich klar überlegen, wie dieses Ziel aussieht und was genau es ausmacht. Am besten nehmen Sie sich dafür etwas Zeit, schreiben eine Liste mit Ihren Zielen und versuchen dabei, sie möglichst ansprechend und kurz zu formulieren. Sie können zum Beispiel aufschreiben, dass Sie Chef werden wollen. Mit dieser Aussage verknüpft Ihr Gehirn automatisch viele andere Sachen und Sie haben ein konkretes Bild vor Augen, wie Ihr Ziel aussieht und wie Sie den Weg dorthin schaffen.

Vorteile

Es ist offensichtlich, dass das NLP in vielen Bereichen Vorteile bringen kann und Ihnen in vielen Situationen helfen kann, sich durchsetzungsstark und selbstsicher zu zeigen. Noch dazu ist es eine weitere Methode, um Ihre Gesprächspartner durch Manipulationen zu überzeugen, und je besser Sie diese Technik beherrschen, desto unauffälliger ist die Manipulation. Wenn Sie sich zurück an den Anfang dieses Kapitels erinnern, fällt Ihnen vielleicht wieder ein, dass es beim Neurolinguistischen Programmieren vor allem darum geht, Gedanken mit Hilfe von Wörtern zu programmieren, und bestimmt können Sie sich vorstellen, welche Möglichkeiten sich Ihnen so eröffnen.

- Wenn Sie ein angestrebtes Ziel haben, hilft es Ihnen dabei, die inneren Ressourcen zu finden, die Sie brauchen, um dieses Ziel zu erreichen.

- Klarer Vorteil bei Verkäufen, Führen, Mitarbeitergesprächen oder Erziehen, da Sie gute Menschenkenntnisse besitzen.

- Sie verschwenden weniger Zeit damit, nach dem Schuldigen zu suchen, sondern wissen, dass es nur zählt, die richtige Lösung zu finden. Daher sind Sie effektiver bei der Lösungsfindung in Problemstellungen. Es ist nicht wichtig, woher das Problem kommt, sondern nur wie es beseitigt werden kann.

- Sie besitzen alle Fähigkeit, die ein Mensch braucht, um sich verändern zu können. Sie wissen, wann Sie diese einsetzen müssen oder können.

- NLP arbeitet mit Sprache. Das bedeutet, dass überall, wo gesprochen wird, NLP anwendbar ist. Selbst dann, wenn Sie nur „Selbstgespräche" führen. Daher ist NLP in allen Kontexten anwendbar, auch in allen Business-Kontexten.

Techniken für Führungskräfte

Für Führungskräfte ist es oft schwer, sich bei den Angestellten nicht unbeliebt zu machen und als Vorgesetzter akzeptiert zu werden. Es müssen immer wieder Entscheidungen getroffen werden, die negative Folgen haben und beispielsweise bedeuten, dass Angestellte beurlaubt oder entlassen werden. Allerdings gibt es trotzdem die Möglichkeit, sich als Führungskraft ein positives Umfeld zu schaffen und bei Ihren Mitarbeitern besser akzeptiert zu werden. Noch dazu können Sie dadurch die Arbeitsatmosphäre deutlich verbessern, schließlich ist es um einiges angenehmer, unter einem Chef zu arbeiten, mit dem man sich versteht und zu dem man bei Problemen jederzeit kommen kann.

Tipp 1: Zuerst einmal ist es wichtig, dass Sie Ihre Führungsposition als solche erkennen und wirklich die Führung übernehmen, denn Sie sind dafür zuständig, alles zu leiten und den Überblick zu behalten. Es bringt nichts, wenn Sie zwar den Chefsessel innehaben, aber keine der Aufgaben erledigen oder sich auf dem Titel ausruhen. Zeigen Sie Ihren Angestellten, dass sie auf Sie zählen können und dass Sie diese Position aus gutem Grund erhalten haben. Sie müssen Vertrauen aufbauen und dürfen sich in schwierigen Zeiten nicht unterkriegen lassen, sondern sollten für eine optimistische Stimmung im Team sorgen. Die Angestellten erwarten von Ihnen, dass Sie Entscheidungen mit Bedacht treffen und

Probleme lösen können. Diese Erwartungen sollten Sie erfüllen, um mit einem guten Vorbild voranzugehen.

Tipp 2: Nicht nur die Vorbildfunktion spielt in einer solchen Position eine wichtige Rolle, sondern Sie sollten gleichzeitig auch versuchen, Ihr Gegenüber zu verstehen und sich empathisch zu zeigen, wenn Probleme und Sorgen an Sie herangetragen werden. Dabei gibt es einen kleinen, aber bedeutenden Unterschied zwischen Mitgefühl und Empathie und Sie sollten zwischen beiden Punkten eine klare Grenze ziehen, um nicht selbst belastet zu werden. Sie müssen sich keinesfalls in jede schwierige Situation genau hineinfühlen und die Emotionen der anderen verstehen, es geht nur darum, dass Sie andere Meinungen und Probleme akzeptieren und immer ein offenes Ohr haben. Sicherlich würden Sie selbst mit einem Problem lieber zu jemandem gehen, der Ihnen zuhört und Ihre Situation verstehen kann, und nicht zu einem Vorgesetzten, der nur auf seine eigenen Aufgaben fokussiert ist und nicht versucht, seine Mitarbeiter zu verstehen und zu unterstützen.

Tipp 3: Um tatsächlich ein Ansprechpartner für Kritik, Probleme und Ähnliches zu sein, ist es noch dazu notwendig, dass Sie Vertrauen aufbauen und sich als sicherer Anker zeigen. Wenn ein Mitarbeiter mit etwas Vertraulichem zu Ihnen kommt, sollte nicht gleich am nächsten Tag das ganze Team Bescheid wissen und auch mit Kritik sollten Sie vertraulich umgehen. Zur Vertraulichkeit gehört aber ebenfalls, dass Sie sich selbst so zeigen, wie Sie tatsächlich sind und nichts vorspielen. Oft machen vor allem Schwächen sympathisch und wenn Sie eigene Schwächen zeigen, haben Ihre Angestellten nicht so viel Angst davor, einen Fehler zu machen, da sie wissen, dass auch ihr Chef nicht perfekt ist. Für eine gute Zusammenarbeit ist es wichtig, dass das Betriebsklima stimmt und Sie nicht nur als Führungskraft, sondern auch als Vertrauensperson gesehen werden.

Tipp 4: Ein eher praktischer aber genauso wichtiger Tipp ist es, eine richtige Gesprächsführung zu finden, bei der Sie sich zwar klar als Chef positionieren, sich aber trotzdem nicht zu sehr von den Mitarbeitern abheben. Formulieren Sie zum Beispiel Ihre Ziele klar und seien Sie bei Gesprächen selbstsicher, um dem Team einen sicheren Ansprechpartner zu bieten. Darüber hinaus sollten Sie sich in Gesprächen aber kompromissbereit zeigen und auf die Anliegen der Mitarbeiter eingehen.

Tipp 5: Für ein gutes und motiviertes Arbeitsklima sollten Sie eine optimistische und positive Einstellung haben und in Krisensituationen nicht den Kopf verlieren. Sie dienen Ihren Angestellten in vielerlei Hinsicht als Vorbild und wenn sie merken, dass Sie unsicher sind oder eine pessimistische Einstellung haben, dann wird sich das auf das ganze Team übertragen. Dies bedeutet aber nicht, dass Sie schlechte Nachrichten verheimlichen sollen und immer nur die guten Dinge an Ihr Team weitergeben. Am besten sind Sie möglichst ehrlich und zeigen sich so lange optimistisch, bis ein klares Ende in Sicht ist. Versetzen Sie sich doch einmal in die Situation und stellen sich vor, Ihr Arbeitgeber ist pessimistisch und geht immer davon aus, dass neue Projekte scheitern und die Firma bald insolvent sein wird. Durch die negative Stimmung nehmen Sie mit der Zeit eine ähnliche Haltung ein und haben keine wirkliche Lust mehr zu arbeiten. Behalten Sie also im Hinterkopf, dass alles, was Sie machen, Einfluss auf Ihre Angestellten hat, und Sie daher so lange wie möglich optimistisch bleiben sollten.

Tipp 6: Auch der letzte Tipp spielt eine wichtige Rolle und führt noch einmal zum anfänglichen Thema, der Manipulation. Inzwischen haben Sie schon so einiges darüber gelernt und wissen, wie Sie selbst manipulieren können und wie Sie sich gegen Manipulationen wehren können. Um Letzteres geht es jetzt: Als Vorgesetzter sollten Sie nicht schnell einknicken und leicht manipulierbar sein, sondern ein klares Ziel vor Augen haben und selbstsicher auftreten. Wenn Sie immer wieder auf Manipulationen von Angestellten, Geschäftspartnern oder anderen Menschen hineinfallen, wirken Sie schwach und leicht beeinflussbar. Ihre Mitarbeiter werden irgendwann womöglich das Vertrauen in Sie verlieren und Ihre Schwäche ausnutzen, um eigene Ziele zu erreichen. Es ist zwar nicht einfach, sich überhaupt nicht manipulieren zu lassen, aber mit den vielen Tricks, die Sie in diesem Buch gelernt haben, und mit ausreichend Übung wird es Ihnen im Laufe der Zeit immer besser gelingen.

Mit Hilfe dieser Tipps können Sie als Vorgesetzter noch besser werden und nicht nur Ihre Position festigen, sondern für mehr Zufriedenheit und Motivation im gesamten Team sorgen. Bei vielen dieser Tipps handelt es sich eigentlich nur um Kleinigkeiten, aber schon mit kleinen Änderungen können Sie viel erreichen und Ihren Arbeitsalltag positiver gestalten.

Fazit

Nach so viel Input sind Sie nun tatsächlich auf den letzten Seiten angekommen. Doch wo eine Sache endet, fängt eine andere an und nun ist es allein Ihre Aufgabe, das Gelernte tatsächlich in die Praxis umzusetzen. Das Buch bietet Ihnen hoffentlich einen hilfreichen Anker, an dem Sie sich immer wieder orientieren können, doch wartet auch noch etwas Arbeit auf Sie. Sich darüber informiert zu haben, wie Veränderungen möglich sind, ist schon ein bedeutender Schritt in die richtige Richtung, doch müssen Sie es nun noch wagen, das Gelernte in die Praxis zu übertragen.

Sie wissen inzwischen, welche Arten von Manipulation es gibt, welche psychologischen Hintergründe dieses Verhalten hat und welche verschiedenen Techniken Sie selbst anwenden können. Sie haben gelernt, dass Manipulationen nicht immer automatisch etwas Negatives sind, und Sie wissen, warum Menschen immer wieder auf Manipulationen zurückgreifen. Anhand von verschiedenen Beispielen haben Sie erkannt, dass Manipulationstechniken tatsächlich funktionieren, und womöglich sind Sie in Ihrem Alltag auf eine Vielzahl von versteckten oder doch sehr offensichtlichen Manipulationen gestoßen. Ein weiterer wichtiger Teil in diesem Buch war es, Ihnen die Manipulationen im Berufsalltag näherzubringen und Ihnen zu erklären, welche besonders hinterhältigen Tricks Chefs und Kollegen immer wieder anwenden. Sie haben gelernt, dass viele Manipulationen darauf beruhen, Einfluss auf

Ihre Gefühle zu nehmen, und wie schwer es daher ist, sich davor zu schützen. Darüber hinaus wurden Ihnen auch die verschiedenen Techniken vorgestellt, um sich gegen solche Manipulationen wehren zu können, sodass es Ihnen in Zukunft immer besser gelingen sollte, auf die eigenen Bedürfnisse zu achten. Sie haben nun auch die Fähigkeit erlangt, Manipulationen selbst zu nutzen, und verstehen, warum es manchmal nicht nur Zeit, sondern auch Energie spart, diesen Weg einzuschlagen. Nicht unwichtig waren auch die letzten Abschnitte, in denen Sie mehr über NLP und die richtige Gesprächsführung gelernt haben. Vielleicht hat es Sie überrascht, wie groß der Einfluss Ihrer Sprache auf Manipulation ist, und ziemlich sicher werden Sie sich aus diesen Kapiteln einiges für Ihren Alltag gemerkt haben.

Sie haben nun alle nötigen Hilfsmittel griffbereit, um mit neuer Energie in Ihren Alltag zu starten und in Ihrem Berufsleben nicht mehr von Manipulationen beeinflusst zu werden. Nutzen Sie die Dinge, die Sie in diesem Buch gelernt haben, um einen neuen Weg einzuschlagen und zu sich selbst zu finden.

Quellen und weiterführende Literatur

Nachdem Sie nun am Ende angekommen sind, finden Sie hier für weiterer Recherchen noch meine wichtigsten Quellen. Vielleicht wollen Sie das ein oder andere Thema noch vertiefen oder mehr über Manipulationen in anderen Lebensbereichen erfahren. Neben diesen Quellen habe ich auch viel auf eigene Erfahrungen zurückgegriffen, um mit alltäglichen Beispielen das Buch so anschaulich wie möglich zu gestalten.

Berentzen, M. Toxische Kollegen: Halten Sie sich von diesen 6 Menschen bloß fern! Verfügbar unter: https://www.gq-magazin.de/lifestyle/artikel/toxische-kollegen-halten-sie-sich-von-diesen-6-menschen-bloss-fern

Cialdini, R. B. (2007). Influence: The Psychology of Persuasion. HarperCollins.

Cialdini, R. B. (2013). Die Psychologie des Überzeugens: Ein Lehrbuch für alle, die ihren Mitmenschen und sich selbst auf die Schliche kommen wollen. Bern: Verlag Hans Huber.

Franke, M. Manipulation im Job: So durchschaust du die fiesen Psycho-Tricks der Chefs. Verfügbar unter: https://arbeits-abc.de/psycho-tricks-im-job

Goman, C. K. (2011). The Silent Language of Leaders: How Body Language Can Help - or Hurt - How You Lead. Jossey-Bass.

Greene, R. (2000). Manipulation: 48 Laws of Power: Wie Sie die Macht der Manipulation nutzen und sich vor Manipulation schützen. Goldmann Verlag.

Haupt, H. Manipulation: 7 Strategien zum Erkennen und Abwenden. Verfügbar unter: https://www.lernen.net/artikel/manipulation-7-strategien-einflussnahmen-3198

kununu Blog. Manipulation im Job: So durchschaust du Kollegen und Vorgesetzte. Verfügbar unter: https://news.kununu.com/manipulation-im-job

Navarro, J., & Karlins, M. (2008). What Every Body Is Saying: An Ex-FBI Agent's Guide to Speed-Reading People. HarperCollins.

NLP-Zentrum Berlin. Was ist Neurolinguistisches Programmieren (NLP)? Verfügbar unter: https://nlp-zentrum-berlin.de/infothek/was-ist/was-ist-nlp

Rudnick, H. Gaslighting am Arbeitsplatz: So erkennt ihr, dass ihr manipuliert werdet. Verfügbar unter: https://www.businessinsider.de/karriere/gaslighting-so-erkennt-ihr-dass-ihr-manipuliert-werdet-a

Schenk, D. So wehren Sie sich erfolgreich gegen Manipulationsversuche Ihrer Kollegen. Verfügbar unter: https://www.sekada.de/kommunikation/kommunizieren-und-deligieren/artikel/sowehren-sie-sich-erfolgreich-gegen-manipulationsversuche-ihrer-kollegen

Thaler, R. H., & Sunstein, C. R. (2009). Nudge: Improving Decisions About Health, Wealth, and Happiness. Penguin Books.

Voss, C., & Raz, T. (2016). Never Split the Difference: Negotiating As If Your Life Depended On It. HarperCollins.

Wilhelm, T. Gesprächstaktiken von Chefs zur Manipulation der Mitarbeiter. Verfügbar unter: https://www.business-wissen.de/artikel/gespraechstaktik-wie-chefs-mitarbeiter-sprachlich-manipulieren

Wilhelm, T. Manipulationstechnik: So erkennen Chefs manipulative Mitarbeiter. Verfügbar unter: https://www.business-wissen.de/artikel/manipulationstechnik-so-erkennen-chefs-manipulative-mitarbeiter